★“互联网+”时代你不可不知的家庭教育新方案

家庭媒介素养教育

当你把手机或平板电脑交到孩子手里时，
你有没有了解媒介素养教育？

张海波 著

南方日报出版社
NANFANG DAILY PRESS
中国·广州

图书在版编目（CIP）数据

家庭媒介素养教育 / 张海波著. —广州 : 南方日报出版社，2016.9
ISBN 978-7-5491-1446-7

Ⅰ. ①家… Ⅱ. ①张… Ⅲ. ①传播媒介—素质教育—家庭教育
Ⅳ. ①G78 ②G206.2

中国版本图书馆 CIP 数据核字(2016)第 190598 号

JIATING MEIJIE SUYANG JIAOYU
家庭媒介素养教育　　张海波　著

出 版 人：周洪威
责任编辑：方　明　陈颂贤
封面设计：古雯瑶　钱销微
插图设计：古雯瑶　钱销微
责任技编：王　兰
责任校对：王　燕
出版发行：南方日报出版社
地　　址：广州市广州大道中 289 号
电　　话：（020）83000502
经　　销：全国新华书店
印　　刷：广州市怡升印刷有限公司
开　　本：787 mm×1092 mm　1/16
印　　张：12.25　　插　　页：4
字　　数：198 千字
版　　次：2016 年 9 月第 1 版
印　　次：2016 年 9 月第 1 次印刷
定　　价：30.00 元

投稿热线：（020）83000503　读者热线：（020）83000502

网址：http://www.nfdailypress.com/

前言 Preface

我们今天为什么需要媒介素养教育

那年女儿两岁半，周末我从少年宫回家，“爸爸，给你看下我去水上乐园拍的照片”。她边说边像变魔术似的拿出妈妈的苹果手机，小手指飞快地在屏幕上划划点点，她边划着照片边给我介绍她的游乐历程，像一个小导游。

不久，她喜欢上了一款美图软件，我把她做的作品发到微信朋友圈里，引来不少朋友点赞。再后来，她会自己从视频网站上看动画片了，还经常用微信提醒我早点回家给她讲故事。

对此，我有惊喜，也有担忧。在我看来，这块小屏幕背后连接着的是一个对成年人来说都充满诱惑的大千世界。这世界如同成年后我们了解的现实生活：有美好，也有丑恶；有友情，也有欺诈……它正如被咬了一口的“禁果”，又像打开了盖子的潘多拉魔盒。从此，童年的时光正慢慢变短，他们开始越来越早地了解大人和成人世界的秘密。

虽然我并未把这次新媒介产品对儿童的介入当作是一种“入侵”，但作为一个女儿的爸爸，我依然对此保持着本能的警惕和强烈的好奇心。

在我近年对“儿童和媒介”的研究中，我一直在试图回答我在女儿身上碰到的一些问题：以智能移动信息终端（主要指智能手机和平板电脑）和社交媒体（QQ、微信、微博）为代表的新媒介究竟在何种程度上介入了当代儿童的生活和成长历程？对当代家庭的亲子关系和教育策略产生了何种挑战？对他们和未来社会将产生怎样的影响？我们大人应该采取什么样的对策？

实际上，今天无论你是在政府部门就职，还是在企业工作，无论你身处哪个行业，可能听到谈论最多的就是互联网对今天世界的冲击和影响。“互联网+”

成为中国产业升级的国策，“互联网思维”正成为各行各业思考的热门词语。在学校教育里，慕课、翻转课堂等也正积极探索新媒介时代教育方式的转变。但相较之下，作为“大教育”中最基础、最重要环节的家庭教育，却一直对此缺乏应有的重视。

在我看来，新媒介对家庭教育的影响早已是全面而深刻的。

我以为，促使教育变化最重要的两大因素是：教育对象和时代背景的变化。在21世纪头十年，新媒介对教育的最大冲击正是这两个方面。

在近年来的研究中，我将这些从小生活在新媒介环境中的“00后”一代称为“苹果世代”。他们不但是另一代人，还是另一种人。作为数字时代的原住民，他们是人类大踏步迈进知识社会、网络社会的先锋。“互联网+”让他们面临更多的机遇和风险。新一代家长在“互联网+”时代也正遭遇上一代父母没有经历的网上教养大挑战：网络成瘾影响视力、耽误学习，黄色、暴力等不良信息毒害心灵，网上交友不慎、个人隐私泄露可能被谋财害命，网络欺凌、暴力等种种不文明甚至违法行为危害社会……如果说，今天的孩子一出生就是信息高速公路上的小司机，那么今天的父母就要从小教会他们安全文明的驾驶技能；如果说，今天的孩子一出生就生活在信息爆炸的汪洋大海中，那么今天的父母就要从小教会孩子在水中游泳、搏击风浪的本领。我们有责任像给婴儿挑选奶粉一样，为孩子在网上选择营养丰富的精神食粮；我们有义务在孩子心智还不成熟、社会阅历还不够丰富的时候，在屏幕前陪伴引导他们在网络世界过上快乐而有意义的生活。

“苹果世代”的老爸老妈们，我们再也不能用昨天的经验，面对今天的孩子，让他们去面对明天的挑战。

面对新一代儿童，迎接新媒介时代挑战，我们的家庭教育需要革新教育理念和方法。引导教育孩子趋利避害，安全、健康、文明上网，善用媒介，培养适应数字时代的核心能力，这也是本书介绍的关于家庭媒介素养教育的主要内容。为此，在本书中，我们提醒家长们关注以下三个问题：

一是我们应该在何时、以何种方式引导、规划孩子们的新媒介生活和数字世界，让孩子们的网络生活更加安全、健康、文明？为此我们必须了解当代儿童的数字化成长轨迹，把握关键期和敏感期，根据孩子每个阶段的身心发展特点，以及媒介使用状况，并结合自己孩子的实际状况，决定自己的教养策略。

二是我们应该如何应对新媒介对亲子关系和家庭教育带来的挑战，在不能做“知识权威”的共喻时代，我们如何与孩子建立新型的亲子关系，并且在我们日益依赖媒介科技的今天，思考教育的变与不变，思考如何发展并守护好孩子的童年。

三是我们应该关注新媒介正在怎样改变着世界；我们正在进入的新世纪，给新一代儿童未来能力和素质提出什么新的要求；我们如何培养孩子们适应未来社会需要的新能力、新素质；家庭教育的重心如何在人格塑造、习惯养成的基础上向核心素养扩展。

以这样的问题为导向，本书的内容设计分为上、下两篇。

上篇主要介绍家庭媒介素养教育的背景、目标和实施方法。

在上篇的第一章，我们根据《全国城市儿童网络安全和媒介素养状况报告》的有关数据，对当代“00后”“苹果世代”作为数字时代原住民的基本特征，他们的媒介使用行为和习惯进行了描述，对目前儿童在使用新媒介中常见的三大风险及危害进行了预警，我们还特别提醒家长们关注新媒介导致家庭亲子关系的变化，以及家庭中出现的数字代沟问题。

在上篇的第二章，作者根据多年的教育研究和实践，为家长们提供了简明实用的家庭媒介素养教育五步法，即把握一个原则、区分两大阶段、关注三大问题、培养四种能力、善用媒介五种功能。

在上篇的第三章，在中国城市儿童数字化成长过程研究的基础上，作者根据各年龄段孩子的身心发育特征、媒介使用习惯等，为家长们介绍了分年龄段的家庭媒介素养教育策略，即针对每个年龄段的孩子，家长应该掌握的媒介素养教育的重点、难点和常见问题。

下篇是图解媒介素养教育难题。

本着“直面家教难题，还原家庭现场”的理念，作者结合近年来开展家庭媒介素养教育过程中，家长们最常见的五大类18个具体问题，通过“家庭情景剧”

式的漫画解说，图文并茂，简明直观地为家长们答疑解惑。

家长在阅读本书时，既可以按本书结构顺序，先全面了解相关教育理念、目标和方法，再结合自己遇到的问题“寻根问计”；也可以根据家长自身目前在媒介素养教育中遇到的急迫难题，先在下篇中寻求应对策略，再回头细细了解媒介素养的全面理念策略。

在此，我想对那些抱着在本书中寻找“速效药方”目的的家长读者说，即便你采用了本书案例中所介绍的方法，也可能还会发现对自己的孩子依然无效。因为孩子在媒介使用中反映出的问题，决不单单是媒介本身引起的。头痛医头，脚痛医脚，无法根本解决孩子的“症状”。因此，我也多次在家庭媒介素养教育讲座中，提示家长们要做“三好家长”：好榜样、好关系和好方法。要检视自身的日常媒介使用行为，注意自己和孩子平日的亲子关系，了解孩子的成长需求，倾听孩子的愿望，这样才能因人施教，辨证施治。

方法最怕生搬硬套，你要记得你面对的是一个活生生的、时刻处于成长变化中的人。教育孩子没有最好的方法，更没有立竿见影的灵丹妙药，只有你，也应该是你，作为孩子最亲近的人，能最清楚地了解自己孩子的真实状况和处境，并能找到最适合自己孩子的问题解决之道。

印度著名诗人泰戈尔曾说：“不要用自己的知识限制了今天的孩子，因为他们属于不同的时代。”

我要说，这里指向的是你头脑中那些已经不适应今天时代要求的旧知识和旧方法。新世纪的儿童正换代，新世代的家长也要升级。

翻开本书，我们共同了解、学习，并行动。

张海波

2016年6月

目录 Contents

下 篇 掌握家庭媒介教养的新技能

上　篇

做数字时代的榜样父母

第一章 屏幕前的教养大挑战

不管你有没有准备好，“苹果世代”就这样大踏步地向我们走来了。

他们生活在一个物质丰裕的时代，一个新科技、新媒介狂飙突进的年代。而他们，是这个时代的原住民。他们身上最具时代感的装备，是他们手中拿着和父母一样的智能手机和平板电脑。他们具备在大人们看来“不学而能”的神奇技能：他们的手指忙碌地在屏幕上滑动，他们打“僵尸”、玩“逃亡”、看“鸟叔”和“小熊熊”；他们在QQ和微信上互传信息，用微信叫爸妈早点回家；“织围脖”发表自己的见解；他们在搜索引擎上寻找问题的答案……他们让我们这些大人有些吃惊，有些无奈，有些无助，有些担忧。

古往今来，从没有一个时代像今天这样，孩子们从小就和大人在使用着同样的工具，同步获取着最新资讯。而且，我们的孩子在他们小时候，就可能走在这个时代的最前沿，甚至走得比我们更快、更远。

因此，教育者也从没像今天这样，更需要了解我们的孩子。我们需要观察、倾听，并以此指导我们如何与他们相处。

第一节 “苹果世代”素描

近年来我在进行的“儿童和媒介”课题研究中，将这些从一出生就伴随着新一代媒介工具成长的“00 后”形象地称为“苹果世代”：指那些出生于2000年后，从小生活在以苹果智能手机、平板电脑为代表的移动智能信息终端，和以QQ、微信为代表的移动互联网环境中的新一代儿童。

在21世纪头十年，一方面我实在找不出比苹果手机和平板电脑，更能深刻影响每个人的媒介科技产品。另一方面，我也认为这被咬了一口的“苹果”商标更具有某种象征意义，这样空前强大和诱人的工具简直就像伊甸园中的“禁果”，人们吃了一口，从此再也无法摆脱它的魔力。“苹果世代”从一出生就借助这些神奇的小屏幕，连通大千世界，那个世界很精彩，也很无奈，他们幼小的心灵有能力面对这样一个“消逝的童年”吗？（关于苹果世代的具体相关研究参见本书作者的《苹果世代：“00后”儿童的媒介化生存及其媒介素养教育研究》一书）

◎ “苹果世代”有哪些显著特征呢?

由我带领的中国青少年宫协会儿童媒介素养教育研究中心“儿童和媒介”课题组于2015年底完成的一份《2014—2015年中国城市儿童网络安全和媒介素养状况报告》（以下简称“报告”）勾画出一张今天中国“苹果世代”的素描图。我们找出了5个最能直观形象地反映这一代儿童与新媒介关系的关键字：滑、微、游、搜、秀。

◎ 滑一代

“苹果世代”是屏幕一代。

毫不夸张地说，“苹果世代”是从小生活在屏幕中的一代人，而且他们诞生在多屏幕的时代。想想吧：在家里，他们会接触电视屏幕、电脑屏幕、手机屏幕，还有掌上游戏机屏幕、电子书阅读器屏幕……在学校里，孩子不但和各种电教设备的屏幕打交道，也会在计算机课上学习电脑操作，更会在学校的电子宣传栏上接收各种通知。上学路上、周末逛街，他们又看到公共汽车、地铁、的士中的移动电视屏幕，就连小区的电梯和酒店的厕所里也有屏幕……这真是一个屏幕无处不在的世界。

屏幕对“苹果世代”好像有一股特殊的魔力。他们的眼睛一接触屏幕，就会立马两眼发直，对屏幕之外的事情视而不见、充耳不闻，好像中了魔法一般。

“苹果世代”的手指肯定普遍比以前的孩子的手指更加灵活，你可能已经领教过这些“小苹果”的“弹指神功”了吧。只要把一部智能手机或平板电脑交给他们，两三岁的“小苹果”们在屏幕上点点滑滑，就可无师自通地像个老手一样玩起来。因此，也有人把他们称为“屏幕一代”“御屏一代”。

报告显示，“00后”儿童在课外和周末，与平板电板、智能手机“亲密接触”的时间明显超过传统的图书报刊，并且随着年龄的与日俱增，38.6%的小学中年级学生开始拥有自己的手机。到了初中，手机开始成为孩子们的标配设备（77.8%的初中生拥有自己的手机），手机全面超越课外书成为最受孩子们欢迎的媒介。“00后”在周末使用电子设备的时间也随年纪的增长而越来越长。到了初中，已有60.2%的“00后”周末使用电子设备的时间超过60分钟。

屏幕给这一代孩子打开了另一扇窗，使他们从小在父母和老师之外，有了另一个亲密的老师和伙伴。孩子们从小在屏幕上“穿越”，小小年纪就对古代宫廷争斗了如指掌，和熊大熊二、喜羊羊一起玩耍。他们还可能会跟着屏幕里的“坏朋友”学粗口。

在智能手机和平板电脑旁边成长的“苹果世代”们，通过屏幕娱乐、交往、学习、表达。屏幕生活成为他们童年生活的重要组成部分。

◎ 微一代

“00后”是QQ、微信一代。

要和“苹果世代”交朋友，可以不用问家庭地址也不用留电话，但一定不要忘了和他们要QQ号。因为“小苹果”们都是QQ一族。报告显示，到了小学中年级，近一半（49.5%）的孩子已经有了自己的QQ号，到了初中更达到91.8%。他们在QQ上和同学、朋友聊天、打游戏；在QQ空间上晒照片、写日志；当然，他们也从QQ弹出的窗口看新闻，了解国家大事。最近两年，他们也像他们的爸爸妈妈一样，迷上了微信：语音留言、拍照、录小视屏、刷朋友圈。

“苹果世代”从小习惯在QQ、微信这些社交媒体上表达、交流、娱乐、获取资讯。报告显示，在问及“你最喜爱的交流方式”时，47.3%的初中生说是QQ，超过了回答“面对面交流”的比例。难怪我们经常看到两个“小苹果”坐在一起，都不抬头，用各自的手机和旁边的人发QQ 。

老师和家长们也把QQ和微信作为与学生和孩子沟通的最重要手段。班级的QQ群、微信群成为了班级发布信息和家校互动的重要平台。在微信圈里，无论是班级运动会还是布置作业，都经常有孩子们的“现场直播”。

孩子们还在社交媒体上广泛“交友结社”，加入各种QQ群、微信群。到了小学中高年级，他们开始越来越主动地加好友，这其中包括不少陌生人。报告显示，57.2%的初中生说自己有陌生网友，不少初中生承认会背着爸爸妈妈和陌生网友见面。

◎ 游一代

“00后”儿童是网游一代。

他们从小就是屏幕上的小玩家。一半以上（50.5%）的“小苹果”表示，他们使用电子媒介最主要的功能是玩游戏。他们从小玩网络游戏，布娃娃被冷落了，小手枪也被丢在一边，平板电脑成为今天最受孩子们喜爱的玩具。随着宽带、Wi-Fi的推广，移动终端设备的不断升级，随时随地玩网络游戏已经变得非常简单。玩网游不但成了孩子节假日的最爱，还成了他们零花钱中最重要的消费支出之一。为了买点卡充值，不少孩子找爸妈要钱，甚至向同学借钱。

有史以来，孩子和大人在玩着几乎同样的游戏。在屏幕上，“小苹果”和老爸老妈一起射“小鸟”、打“僵尸”、切“水果”、玩“逃亡”，而且他们的“战绩”往往胜过爸妈。他们对游戏的选择很有自己的主见，50.1%的“小苹果”表示，从小就是自己选择、下载、安装游戏，不用老爸老妈帮忙。

不少“00后”的爸妈说，你要是不管他，只要孩子一坐在电脑面前，一拿到手机或平板电脑，第一件事就是玩游戏。我们这代人小时候，一到节假日，就会缠着爸妈去公园、动物园玩。可是今天，只要“小苹果”们手里拿着手机或平板电脑，你就别想叫动他们。他们成为新一代“宅一族”。因为玩电游，耽误功课、视力下降、不爱读书，为这事，老爸老妈没少和孩子们斗智斗勇。玩电游成为今天家庭中引发亲子关系矛盾的一大根源。

很多家长不晓得，玩网游也是孩子们认识新朋友的重要途径。为了研修攻略，寻找玩伴，49.2%的初中生积极加入网游社区的各种工会、联盟。网游让孩子从小学习了规则、合作，当然也伴随着不少血腥、色情。

◎ 搜一代

“00后”儿童是百度一代。

除了书本之外，“小苹果”们从小就拥有了另一个强大的学习工具：网络搜索引擎。做作业遇到问题，他们不再是依靠翻书本或问爸妈，而是会马上求助“度娘”和万能的“朋友圈 ”。在小学中年级，已经有近一半的孩子表示，他们会经常上网搜索查找资料。

他们从小对网上的资讯如饥似渴，也像父母一样不停地刷屏，33.5%的初中生表示自己订阅了微信公众号，通过公众号与最新潮流资讯保持同步。为了及时掌握自己偶像的动态，他们在微博里关注那些明星，在朋友圈里转发各种资讯。

不过，他们有时候也因此让父母和老师有点失落，甚至尴尬。不少老爸老妈都有被孩子用从网上搜来的信息，批驳自己错误回答的不爽记忆。

◎ **秀一代**

“00后”都是小拍客。

“苹果世代”从小喜欢用智能手机和平板电脑随手拍一拍。利用手里的小屏幕，他们成为“小拍客”，用手机拍照、录像，用美图软件拼图，用视频拍摄软件拍摄视频。他们拥有比老爸老妈们毫不逊色的“御屏”技能。“小苹果”们聚会，吃饭前要用手机给美餐“消消毒”，外出旅游一定带上“自拍神器”。

他们还是爱分享表达的一代，从小喜欢在网上分享图片、文章和小视频。近一半（41.2%）的“00后”表示，自己经常在网上发布内容。随着年龄的增长，他们使用微博的比率也在不断提升。

和他们的父母从小在日记本上写日记不同，“小苹果”们从小在QQ空间、贴吧、朋友圈 、微博里记录他们的所见所闻，分享自己的作品，表达自己的看法。他们还很欢迎自己的同学、朋友们进来看看，踩一下，顶一下，多多点赞。别看他们小小年纪，不少已在社交媒体上拥有自己的粉丝。报告显示，28.6%的初中生表示，自己在自媒体上已经拥有了粉丝。

【链接】

《2014—2015年中国城市儿童网络安全和媒介素养状况报告》： 为了解我国“00后”儿童对于新媒介的接触、使用和素养状况，研究分析当代中国城市“00后”儿童的数字化成长进程，进而提出符合中国本土儿童媒介使用习惯和成长规律的媒介素养框架和教育对策，中国教育学会“儿童和媒介”课题组和中国青少年宫协会儿童媒介素养教育研究中心自2014年9月至2015年9月开展了为期一年的全国城市儿童网络安全和媒介素养状况专项调研活动。在一年的时间内，全国18个主要城市青少年宫参与， 共约3万名3～14岁儿童及其家长接受了问卷调研及个人访谈等。

调研主要揭示了当代中国城市的“00后”儿童及其家长的媒介接触、使用和素养状况，以及其家庭媒介素养教育的现状。通过数据，报告描述了作为数字时代原住民的中国“00后”儿童的数字化成长的轨迹，确认了儿童数字化成长的关键阶段以及“00后”儿童面临的在线风险。在实证研究的基础上首次提出了基于中国儿童数字化成长基础之上的中国城市儿童的媒介素养框架和教育对策。评审专家们认为，本次研究是目前国内同类调研中研究内容最全面、数据搜集最严广的大型调研之一。

第二节　不安的新世界

对孩子来说，屏幕上的世界充满诱惑，精彩无比；但对父母来说，屏幕里的世界却是一个令人不安的新世界。

在《2014—2015年中国城市儿童网络安全和媒介素养状况报告》中，接受我们调研的“00后”的父母们，普遍对现在孩子们使用新媒介中出现的问题表示担忧。

在回答“对于孩子上网你最担心什么？”这个问题时，排名前几位的答案是：耽误学习（71.5%），影响视力（68.7%），接触不良信息（66.1%），交上坏朋友（47.8%），上当受骗（42.2%）。

结合调研结果和对近年来发生的青少年网络问题，我们把现实出现的新媒介对儿童造成的风险和伤害，归结为三大类：不健康、不安全和不文明。

不健康：指的是儿童在使用网络的过程中，由于使用媒介不当、接受网络上的不良信息等，对身体发育和心理健康造成影响，比如上网成瘾耽误学习、影响视力，网上黄色、暴力信息对孩子身心带来的不利影响。

不安全：指的是儿童在网上由于防范意识较弱，从而导致个人隐私泄露、个人财产被骗、个人名誉和生命受到威胁等问题。

不文明：儿童在网络表达和交往的过程中，由于缺乏法律、道德意识，而造成的失礼、失德，甚至是违法行为，也包括儿童利用网络而进行的犯罪行为。

◎ 不健康1：失控的屏幕

没有一种电子设备能像平板电脑这样让孩子们痴迷。这块小小屏幕释放的魔力让孩子无法自控，小小年纪成了低头族，不但影响视力、耽误学习，而且成为家庭亲子矛盾的焦点之一。

从没有一种设备像平板电脑一样成为今天孩子的视力杀手。每到假期结束，各大医院和眼科门诊里就挤满了带孩子检测视力、忧心忡忡的家长。据医院介绍，近年来，平板电脑和智能手机的广泛使用已成为导致孩子视力下降的头号元凶。2014年暑假，《成都商报》的记者特别在一家眼科医院进行了一次实地测试。报道令人震惊：

娃娃患上“平板眼”

记者特别找到了6岁的纤纤（化名）和18岁的小宇（化名）作为实验者，请他们参与两项简单测试。测试方法由四川省视力保护学会常务委员、成都爱迪眼科副院长连浩教授制定：请他们在20分钟内高度集中地在平板电脑上玩游戏或看动画片，通过对比孩子的屈光度和一分钟眨眼次数的前后变化，来判断它们对孩子们视力的影响程度。

屈光度：下降50度

屈光度，也就是常说的近视、远视度数，能直接地反映眼睛的视力水平。屈光度负值越大，说明近视度数也越大。在测试前，纤纤和小宇先进行了屈光度检测，结果两名孩子的两眼裸眼视力均为5.0，属于正常水平。随后，纤纤用平板电脑看她最喜欢的动画片，而小宇则用另一台平板电脑聚精会神地玩游戏。20分钟后再次检测屈光度，结果让人大吃一惊：纤纤的左眼视力急剧下降50度，进入假性近视状态；小宇的视力状况也不容乐观。连浩教授表示，在临床上，如果近视达到50度，就已经算是轻度近视了。

眨眼：一分钟仅一次

在临床上，眨眼次数可以反映泪膜功能的稳定程度。正常人眨眼频率是15～20次/分钟，低于这个值就说明眼睛处于紧张状态，容易导致眼睛疲劳、眼睛干涩、视力下降。在实验过程中，医务人员在一旁记录下了两名孩子的眨眼次数，每人记录三次，再除以平均值。结果两人在玩耍平板电脑的20分钟内，眨眼次数平均低于正常水平1/5～1/10倍，甚至纤纤在一分钟内眨眼仅一次。

这篇报道验证了，长时间使用平板电脑确实对儿童视力伤害巨大。专家认为，一般情况下，孩子看手机或平板电脑10分钟的眼球疲劳程度，相当于看电视30分钟。一些小朋友有躲在被窝或者黑暗的地方玩手机或平板电脑的习惯，这对眼睛的损害更大。因此专家建议，一般来说，观看平板电脑的安全距离是人眼与平板屏幕相距30厘米左右。此外，国家卫生和计划生育委员会发布《儿童眼及视力保健技术规范》，建议儿童（2～6岁）操作电子视频产品时间每次不宜超过20分钟，每天累计时间建议不超过1小时。

比视力伤害更严重的是沉迷网游给儿童心灵带来的伤害。

随着平板电脑、移动互联网的普及，儿童网络沉迷、成瘾明显呈扩大化、低龄化趋势。

在网络上曾热传过一段视频：从一群三四岁孩子手中夺走平板电脑，看他们各自的反应。大多数孩子就像被夺走了心爱之物那样，或痛哭或大怒，有的还破坏东西。当他们想要回平板电脑时，会像木偶一样答应大人的各种要求。

不少父母反映，孩子一拿起平板电脑就立刻安静下来，沉浸其中，仿佛进入了另一个世界。现在给孩子其他任何奖励也没有比奖给他看一会平板电脑效果更好。

据《中国教育报》2014年3月报道，我国青少年网瘾患者高达4000万，八成以上未成年人犯罪的直接诱因与网络游戏有关。网络成瘾已经成为大学生退学和中小学生辍学的主要原因之一。

“不让上网就像要了他的命，干什么都没精打采的，成天也不出门，对家里人都是爱理不理的，救救我的孩子吧！”在北京一家收治网络成瘾青少年的基地，一个面容憔悴的母亲急切地哭诉。

2014年2月，在湖南娄底新化的一个网吧里，发生了一起14岁少年挥刀将前来劝他回家的父亲杀死的人间惨剧。

失控的屏幕让年轻的父母痛恨焦虑又无可奈何。一些家长发出唉叹：天降大任于斯人，必先夺其手机，拿走平板电脑，然后才能……

◎ 不健康2：谁带坏了孩子

一个当老师的妈妈有一次告诉我发生在她儿子身上的故事。上小学三年级的儿子最近有段时间经常把几句脏话挂在嘴边。她回想了一下，他们夫妻俩和家里的老人在家里从来没说过这些脏话，她又偷偷问了儿子学校的班主任，班主任说，班里几个男孩子最近都经常说这几句脏话。于是，这个较真的妈妈又在周末把这几个孩子的妈妈找来一起聚会，聊这个问题。结果一说，几个妈妈都深有同感，于是大家决定一起找原因。过了不久，她们几乎同时发现，原来孩子们都在看同一部动画片，这部片子里的主人公经常说这几句脏话。几个妈妈认真看了下这部动画片，大吃一惊，这部片子不但脏话连篇，还充满了嘲笑、整蛊别人的情节。这个妈妈向我感叹，现在有些动画片真是害人不浅，我们辛辛苦苦天天教孩子讲文明、懂礼貌，那些劣质动画片几分钟就把孩子带坏了。

我们常把家庭视为孩子最安全的港湾。当父母感觉孩子遇到危险时，就会说："待在家里，别出去。"然而，今天无处不在的媒介屏幕正打破家门，就像有人从你家的门前破门而入，他们可能直接威胁着孩子的身心健康和人身安全。

大部分家长也往往认为孩子在家里上网比在外面上网更安全，好像家门也是网络的安全门。其实今天的网络设备可以带你的孩子到世界任何地方去，接触到任何人。网上到处都是可以随便推开的"任意门""玻璃门"，这个世界突然赤裸裸地袒露在孩子面前，有精彩，也有丑陋。而孩子也突然被袒露在网络世界中，身边缺少了亲人陪伴。以前有的老人听外面敲门就吓唬小孩说，赶快躲起来，可能狼来了。现在狼不用敲门，只要孩子们打开屏幕，就轻易地闯进他们的卧室。

今天孩子人在你身边，可他通过指尖的屏幕，早已在和千里之外的人聊天了。当然，这里面可能有你认为的"坏人"。媒介信息的安全已经成为家庭安全的重要方面，可我们看到，在新媒介时代，越来越多的家长彻底丧失了对孩子信息安全的把控权。

2013年4月，江苏连云港有两个小孩在玩耍中模仿动画片里灰太狼烤羊肉的情节，把同村另一名9岁男孩绑在树上点火烧伤。被伤害男孩的家长愤而将动画片的制作方和那两个小孩的家长一起告上法庭。

2013年10月，中央电视台《新闻联播》节目公开批评："个别国产动画片存在暴力失度、语言粗俗等现象，《喜羊羊与灰太狼》与《熊出没》被要求进行内容整改。”

令家长们忧心的还有黄色信息。

网上一则题为《小学生婚宴上大讲“黄段子”绘声绘色惊呆大人》的新闻：讲的是在一个婚宴上，郑州市某小学五年级学生张某当着一桌食客绘声绘色地讲了一个黄段子，他称他们很多男同学都会讲黄段子，甚至还对别的成人讲的黄段子评论道：“你讲的段子，几个月前就有了，早就过时了。”

2009年5月，中国青少年研究中心的《青少年网络伤害调查报告》显示：48.28%的青少年接触过黄色网站；43.39%的青少年收到过含有暴力、色情、恐吓、教唆、引诱等内容的电子邮件或电子贺卡。

暴力、色情等有害信息对青少年的影响很大，尤其对于未成年人而言，长期在电子游戏中的砍杀、爆破、飙车、打斗、枪战，会使未成年人的道德认知发生错位，逐渐地认为网络中的砍杀在现实生活中也是合理的。

对于进入青春期的孩子，他们对异性比较感兴趣。网络里的色情信息对青春期的孩子的影响甚至大过暴力信息。一些青少年违法犯罪的动机就是受到网络中淫秽信息的诱惑，实施一些强奸类的犯罪。

不良信息对孩子而言就是精神的“毒奶粉”。我们的妈妈为了给孩子挑选奶粉，可以跑到国外精心地找适合孩子年龄段和孩子口味的品牌，再大包小包地拖运回来。可是我们又有多少妈妈在精心地为孩子在屏幕上选择合适的“精神奶粉”呢？

网络不会自动告诉孩子什么是真善美，什么是正确的，什么是错误的。它经常把这个世界无底线地呈现在孩子面前。及早告诉孩子人生的正确方向，让孩子从小懂得辨别信息，在多元信息和潮流文化中保持独立思考和理性判断的能力，正是现在家长们迫切的任务。

◎ 不安全1：谁在网上盯着你的孩子？

我们先看看2012年6月的一则新闻报道：

“你是怎样把孩子从幼儿园骗走的呢？”记者采访被捕的人贩子。

“没什么的”，人贩子抬起头笑着回答，“我每天都看他父母的微博，对这娃太熟了。”

《华西都市报》2011年11月5日曾报道，成都一位母亲发微博晒儿子获奖照片，结果招来绑匪绑架其子，勒索10万元。

2011年11月，一条署名为“@南京女刑警”的微博在众多家长中引起强烈反响，短短数天转发3万多次：总看到家长们自豪地将孩子的图片作为微博头像，微博里面总会提到自己孩子的名字，提到幼儿园或学校名字，图片经常会暴露自己居住的小区。其实以此很容易汇总出来孩子的名字、家庭住址、学校、相貌。希望家长们能意识到这些是孩子的重要隐私，要掂量后再发帖！看到这条微博时，初为人母的静子惊出一身冷汗。因为孩子活泼可爱，静子隔三岔五就会将孩子的照片与好玩事发到微博与QQ空间里秀一秀。如今想来，如果一些别有用心的人留意的话，很容易就能摸清孩子的一些基本情况。

除微博与个人空间外，一些亲子QQ群也成为隐私泄露的高危区。因为加入QQ群时，群主多会要求新成员登记“新人报到”添加个人信息，而且一些家长在与群友聊天时，因为感觉对方也是孩子家长就放松警惕，常在聊天时有意无意谈及孩子的情况。

警方提醒：为确保个人生命财产安全，不要随意泄露公民个人隐私。家长大意将孩子信息发上网将增加泄露孩子隐私的风险。

◎ 不安全2：你的孩子会和陌生网友见面吗？

2015年，一部名为《约未成年出来见面》的社会实验短片让全世界的爸妈们深感紧张。

在这部片子里，来自纽约的网络名人Coby Persin在脸书上伪装成一个15岁少年，与三名分别是12岁、13岁、14岁的少女互加脸书好友，才聊过几天后就约这些少女出来见面，甚至要求在夜晚让他进入家门。令人惊讶的是这几个女孩子竟然全部答应了。幸好，Coby Persin的实验是在父母的监视下进行的……

影片制作者说，他拍这部影片是试图表现恋童癖与强暴犯利用社群网站犯罪有多容易，以及毫无警戒心的未成年孩子有多么容易受骗。这部短片上传网上3天，就有1850万人次观看。

我曾经在不少家长讲座里播放过这部片子，家长看了后都表示触目惊心。大部分父母说，真说不准自己的孩子遇到这样的情况会不会偷偷出来约会。

这部短片的结语是：在美国，注册在案的恋童犯高达75万人，请注意你孩子的安全！

事实上，网络交友早已被犯罪分子盯上，引发不少危害青少年人身安全的案件。犯罪分子利用网络交流的便利性，像是狡猾的狼群，通过各种伪装，在各个QQ群、论坛、空间中游荡，等待猎物上钩。

2006年，四川省公安机关破获了一起专门针对网上未成年少女的人身侵害特大案件。许某的团伙采取上网聊天的方式骗得受害少女的信任后，再以见面交朋友、过生日为由，先后从重庆、遂宁、资阳、成都、眉山等地10多个区县诱骗25名少女至崇州、彭山等地的卡拉OK厅，然后通过打骂、欺骗、用刀威胁等手段强迫受害人卖淫。

2014年5月的一则新闻报道：一天上午10点多，绍兴市公安局110接到一个奇怪的报警电话，电话里传来一个稚嫩的声音，她说自己被困在宾馆里，让民警赶快去救她。民警赶到现场后，看到报警人小兰（化名）是个“00后”，今年刚满12周岁，还在上小学六年级的她不是绍兴人，而是湖南长沙宁乡县人。她出现在宾馆里并不是被绑架或是拐卖，而是自己从老家跑到绍兴来见网友的。小兰说她和这个网友向某是通过手机QQ聊天认识的，对方在一个多月前主动来加她好友，随后两人开始在网上聊天，一段时间以后双方就以“老公”“老婆”相称。而她的网友向某也是湖南人，在绍兴工作，今年也才刚满18周岁。小兰拨打报警电话的原因是，与网友见完面以后，她想走，向某却不让她离开，发现自己无法脱身后就拨打了110报警。民警对她进行了教育后，与她的父母取得了联系，心急如焚的父母连夜从长沙坐飞机赶到绍兴，将女儿接回了家。

在世界各国，虽然网络上大规模搜捕儿童色情犯罪的行动从来没有停止，但是网络儿童色情犯罪却愈演愈烈。一份调查显示，过去10年里，全球持有儿童色情照片的人数增加了2692%。2003年，美国警方捣毁一家名为Regpay的儿童色情网站，在全球范围内有27万注册用户，他们为50多个色情网站处理信用卡服务，每月交易额高达上百万美元。美国司法部在1998年成立了针对儿童网络犯罪（ICAC）的工作组，并在1999年开始了代号为“雪崩行动”的打击网上侵害儿童的全国性活动。2001年4月，英国内政大臣斯特劳宣告，警察部门将成立一个“网络警察”小组，专门用来对付互联网上的恋童癖、欺骗和敲诈等罪行。

2011年度诺顿网络犯罪调查报告显示，全球每天有100万人成为网络犯罪的受害者。2012年全球有4.31亿成年人遭受过网络犯罪的侵害，这其中有差不多一半受害者（1.96亿人）来自中国。

2015年，我国国家网信办开展以“护苗2015”为主题的网上扫黄打非专项行动。作为网络整治专项行动，该行动主要针对淫秽色情、暴力、恐怖、残酷、迷信等有害少年儿童身心健康的信息进行全面清理。

◎ 不安全3：网络欺凌害死人

网络欺凌也开始威胁孩子们的生命。

2013年9月16日新闻报道，美国佛罗里达州12岁少女塞德威（Rebecca Ann Sedwick），被15名女同学联手在网上欺凌近一年，上周一早上不堪压力逃课，从克兰市一个废弃水泥厂跃下身亡。自杀前她将其中一个女同学的网名改为“那个死女孩”，又发短信给一个朋友预告跳楼。

2007年7月，广东开平一名中学女生被称为“七姐妹”的七名女生报复，几名女孩对受害少女进行殴打和凌辱，并指使未成年男生强暴该女生，并逼她自煽耳光和走正步，一名涉案人员把此过程用手机拍摄了下来。2008年开始，一段长达7分多钟、名为“广东开平市中学生当众凌辱一女生恶性虐待”的视频内容被人上传到互联网上。

统计数据显示，美国有超过1/3使用即时通信和社交网络网站的少年，曾在网上遇到欺负事件，而且被欺负者往往是他们的同学。

日本兵库地方教育委员会的一项调查显示，10%的日本高中生曾经收到来自电子邮件、网页、博客的骚扰和威吓。

2013年11月，广州市青年文化宫、香港游乐场协会、澳门街坊会联合总会联合发布的《穗港澳青少年网络欺凌调查报告》显示，六成穗港澳青少年曾遭受网络欺凌。

◎ 不文明：在网上他们怎么变成了这样？

令家长没想到的是，平时在家里和学校都彬彬有礼的小学生，在网络上突然成了满嘴脏话、粗俗恶毒的“网络暴民”。

2015年7月29日，一场EXO的粉丝跟TFBOYS的粉丝在网上的骂战引发极高关注。起因是一则TFBOYS的小学生粉丝所录制的视频指责EXO，引发了EXO和TFBOYS双方粉丝在网上互相掐架，TFBOYS的粉丝斥责EXO的成员整容，而EXO的粉丝称TFBOYS为“掏粪男孩”，还丑化他们的照片。

这个仅仅几分钟的视频发在微博上，在24小时内浏览量飙升至3300万，瞬间登上了“微博热门话题榜”。这些在大人心目中的“祖国的花朵”，在屏幕上骂战的内容、用词之犀利一点不输给成年人间的掐架，充斥着尖酸、刻薄、粗俗的脏话。

不少网友看到这场骂战后表示“三观”尽毁，留言称“小朋友你们长大后看到这段视频会后悔的”“天啊，我真的老了”，更多人表示了对追星族的低龄化感到担忧。

一些出现在这场骂战中的孩子的父母得知消息，看了视频后惊呼，没想到自己的孩子在网上竟然变成这样。自己平常很少关注孩子在网上做了什么。

今天的孩子可能没有意识到，自己无意在网络上留下的数字轨迹都可能伴随自己终生。“网上没有橡皮擦”，多少年后，孩子们儿时在网上的恶行就可能被他们未来的朋友、未来的伴侣、未来入职单位的主管搜索到。

今天的父母迫切地需要尽早地教育自己的孩子要文明、负责地使用他们指尖下的科技工具，在网络社会和现实生活中一样，做个理性文明的好公民。

家长的反击

对家长来说，本来平静的家庭港湾突然被新媒介这个“不速之客”打乱。他们直接闯进你的客厅、卧室，危害着你的孩子。

面对屏幕前的教养危机，家长们开始反击了。

在美国，接受调查时，近半数美国家长表示，会监控孩子上网。调查显示，美国联网家庭使用网络过滤或监控软件的比例从2000年12月的41％提高到了2004年的54％，对网络采取监控行动的家庭从700万增加为1200万户。英国网络安全公司的一项调查显示，六成家长承认经常偷看孩子的电子邮件、短信并“审查”社交网络留言。虽然1/3家长偷看过孩子私人信息后有负罪感，但在家长监控孩子的多种方法中，使用最多的伎俩就是“审查”社交网站留言、查看互联网浏览记录以及偷看短信，甚至还有超过1/10的家长破解了孩子的网络密码。

调查结果显示，20%的家长对偷看到的内容表示“震惊”，17%的家长因为发现孩子在网络上遭受威胁而出手相助。有半数美国家长之所以注册脸谱（Facebook），至少有部分原因是为了了解孩子。有43%的受访父母承认，他们每天都会查看孩子的Facebook页面。在拥有Facebook账号的父母中，有92%加了自己的孩子为Facebook好友。

美国《新闻周刊》指出，越来越不安心的父母希望时刻掌握子女的任何举动。而伴随着廉价的电脑芯片、软件与全球定位系统（GPS）的强大支持，专门“监控”子女的高科技工具日益走俏。此外，最新的互联网监控系统，也能更好地追查孩子们的上网记录，阻止孩子浏览某些有害网站。

2003年底，芬兰政府专门通过一项法律：允许父母使用配有GPS装置的手机跟踪孩子的一举一动。韩国也推出了“追踪手机”，可让父母全天候掌控孩子行踪。据悉，这款色彩艳丽的追踪手机，“长”着两只像人耳朵一样的天线，“中枢神经”是GPS，即使关机，追踪手机也“坚守岗位”，随时向父母报告心肝宝贝的行踪。日本一家公司发明了一种学生卡，内置芯片可记录学生出勤状况：学生入校门时扫描胸卡，入校时间就被记录下来，同时父母就能通过手机或电脑接收到一封电子邮件，通知他们孩子已到校。同样，学生放学时，要再次扫描胸卡，这样父母就可估算出他们大约何时能到家。如此一来，父母们无论身在何处，都能知道他们的小孩此刻是不是规规矩矩地坐在教室里。

在中国，移动运营商开发的校讯通、家校通等校园服务也普遍在中小学开展。其中最重要的一项功能就是向家长“报平安”。

不过，这种无所不在的监控也引起了孩子们的反感。我身边就有些中学生在微博里发现父母潜水进入后，立即关闭了微博，另开账号。他们向我控诉家长“暴行”的神情一点不亚于我当年小学同桌发现妈妈偷看了自己日记后的愤怒。

《为人父母愚蠢行为指南》一书的作者凯特·凯莉在书中指出：“就像夫妻间不应雇用私家侦探刺探对方行踪一样，如果想跟孩子建立良好关系，父母也不应过多使用追踪装置。因为你要建立的是一种基于信任的关系，而不是基于害怕。”

不过，我们的全国调研显示，在我国大部分家长对于孩子在网络上可能产生的风险和伤害还缺乏足够的重视。有的父母可能因为孩子班上同学“素质差”，愿意花几万，甚至十几万为孩子择校，却不关心孩子在网上交了什么坏朋友。他们天天操心孩子是穿多了还是吃少了，却对他们在屏幕上的“数字轨迹”漠不关心。

《2014—2015年中国城市儿童网络安全和媒介素养状况报告》显示：大部分家长承认没有在社交媒体上成为孩子的“好友”。在普遍使用社交媒体的初衷看，44.7%的家长没有在QQ上、55.8%的家长没有在微信上、62.9%的家长没有在微博上和孩子成为好友。

大部分家长没有关注并及时引导孩子的屏幕时间和内容。61.7%的家长没有为孩子筛选过手机或平板电脑的应用程序。67.7%的家长给孩子平板电脑时没有约定玩的时间和内容。

以前，我们对孩子从小就叮嘱，自己在家对陌生人敲门不要轻易开门，出门过马路要当心……今天如何教孩子在网上保护自己、维护自己的安全，避免不良信息、网络交友过程中可能遇到的侵害，保护个人隐私，预防网络犯罪行为，学习遵守网上各项法规，网上行为有理守法……正成为新媒介时代家庭安全教育的重要一课，也是更多为人父母要补的一课。

“苹果世代”的父母是第一代要承担起家庭媒介素养教育的家长。为此要了解孩子的数字生活，通过合理引导和教育，让他们在屏幕世界里过着安全、健康、文明的E生活。

当然，这也意味着，这一代家长将面临更多自己的父母未曾遭遇过的挑战。

第三节 家庭中的数字代沟

◎ 数字原住民VS数字移民

俗话说，一方水土养一方人。在一个城市里，你从口音、饮食和生活习惯中很容易区分哪些人是这个城市土生土长的原住民，哪些人是从外地迁徙而来的民。

今天的“苹果世代”们就是数字时代的原住民（也叫“数字土著”Digital Natives），他们一出生就在这样一个移动互联网的世界。

还记得坐在桌上的一台高档的486（注：当年一种配置高档，价格上万元的高档家用电脑）前，用一个叫“调制解调器”（注：多年前一种先进的上网设备，俗称“猫”，没有它你的电脑无法上网）的设备，听着“滋拉滋拉”的拨号声上网的情形吗？我还记得当时一听到这声音就感到很揪心、很焦急、烦躁。不过，那时和朋友讲起自家配上这种高档设备时，脸上总露出自得的神情。最近，我和女儿讲这个场景时，这个“小苹果”像看外星人一样打量着我，然后用有点鄙夷的神情说：“爸爸，你可有点笨哦，你为什么不用Wi-Fi呢？”

是啊，就是这短短十来年的时间，“手机”从大变小，电脑从桌上到手上，网络也从要买来打开瓶子才能喝到的纯净水，变成了一打开水龙头就可以喝到的自来水，成为弥漫在我们身边、空间中无处不在的空气。

我们的“苹果世代”就是从小生活在这样的新媒介环境中。智能手机、平板电脑和移动互联网就像空气和水一样，是他们平日生活的日常环境。他们从小处于“数字化生存”之中。

早在20世纪60年代，加拿大有位著名的媒介研究学者叫麦克卢汉，他在论述媒介与人的关系时，提出一个著名的观点：“媒介是人的延伸。”今天的智能手机就像人身体的延伸，我们睡觉前要刷刷屏，我们早上起来一睁眼，也要第一时间打开手机来瞧一下。今天，我们出门可以忘了带钱包，但绝不能忘带手机，否则你会感觉身上缺了点什么。

新媒介还把我们带入了数字时代，人类传播技术发展数千年来，到21世纪的头十年，终于第一次实现了声音、文字、图像的瞬间传播。美国麻省理工学院教授及媒体实验室的创办人尼葛洛庞帝在20世纪90年代的《数字化生存》一书中说，“信息的 DNA”正在迅速取代原子而成为人类生活中的基本交换物。信息技术的革命和发展将变革我们的生活方式。今天的“苹果世代”就处于这样的数字化的生存方式之中。“小苹果”们在还没有完全学会用语言表达、用文字写作时，就可以通过手指在屏幕上滑动，进行娱乐、交流、学习、生活。新媒介已经成为当代儿童生存、生活及成长的重要工具、资源和环境。他们接触电视、电脑、手机的时间，远远超过他们学习任何一门课程的时间。

新媒介不但影响了“苹果世代”的思维方式、行为习惯，还切切实实地改变了他们的大脑。近年来，国际上的脑神经学家、记忆学家、行为学家、心理学家们都在努力研究新媒介技术对人类大脑的影响。他们几乎都认为，21世纪的头十年是人类大脑进化的关键时刻。以前要经过几代人才能完成的大脑进化过程，现在可能仅仅经过一代人便已迅速显现。或许自人类第一次使用工具以来，人脑还从未受到过如此迅速而巨大的影响。

美国著名神经学家盖瑞·斯默尔和吉吉·沃根在他们合著的《大脑革命——数字时代如何改变了人们的大脑和行为》一书中，用大量的证据揭示了一个惊人而又真实发生的事实：人们每天大量接触的新媒介科技时刻刺激着我们脑细胞的改变和神经递质的释放，强化我们大脑中新的神经通路，并使旧的神经通路退化。这些新技术带来的新动作、新任务而产生的新思维方式，对儿童正在发育的大脑改变尤其显著。因为要在屏幕上完成各种“多任务”处理、“超链接”阅读，儿童的大脑将产生神经递质，形成新的树突和突触，以适应这些新形态的“任务”，大脑每时每刻在响应这些新环境的刺激，并发生着变化，而最终这种进化性的变化将影响到今后几代人的大脑。

科技革命正使我们的大脑以前所未有的速度“进化”，正在改变新一代数字原住民们的大脑。他们不只是另一代人，还是另一种人。

相比之下，我们这些身为老爸老妈的“70、80后”却是这个时代的移民。

我生于20世纪70年代，那时在中国广大城市，黑白电视尚未普及，更不知道电脑为何物。互联网，要等我上高中时，那个叫蒂姆·伯纳斯李的英国人才向全世界公布万维网的代码。

上小学时，家里最“高大上”的新媒介产品就是一台摆在桌上的收音机。那时最开心的事就是中午放学回家吃饭时，可以打开收音机听刘兰芳讲《杨家将》评书。后来，家里买了第一台黑白电视机，不用在吃饭后搬张小板凳到隔壁邻居家看《新闻联播》啦。妈妈还特地用缝纫机给它做了一个有花边的布罩。每到周末，围坐在电视机旁看电视剧是一家大小最快乐的时光。那时看《血疑》《霍元甲》，再后来看《渴望》，可都是万人空巷啊。

电影嘛，六一儿童节学校组织到电影院看过。《小兵张嘎》《地道战》，印象最深的就是《少林寺》，看了后，四处打听哪里有师傅教武术的，对河南嵩山少林寺非常向往，甚至一度想出家。不过，课余时间看得最多的还是课外书，先是小人书，后来就读金庸大侠和琼瑶姐姐的大作了。

差点忘了，读初中时家里还添了一件新媒介产品：录音机。先是单卡的后来是双卡的。四处找磁带听，拿个小本子抄歌词，在铅笔盒上贴明星贴纸。那劲头儿一点不比现在的什么“玉米”（注：歌星李宇春的粉丝称呼）们小。

我们小时候，电脑不是摆在家里的，而是存放在学校的机房里，那可是重点保护对象，要脱了鞋，穿换上干净的拖鞋才能进去用的。据说这是怕我们从外面带来的灰土污染了电脑的运行。我们还学习一种叫BASIC的语言，挺难的，我考试老是不及格。真得要感谢那个叫比尔·盖茨的家伙，他在我出生后不久创立了微软公司，后来又发明了叫Windows的图形用户界面，否则我这个BASIC考试不及格的差生，就用不了像今天这样的电脑工作了。

也可能正是我有童年时这些媒介产品的使用经历吧，后来我经常对女儿（从一出生开始）面对屏幕时表现出的各种神奇技能表示惊叹。在我还笨拙地适应新买的智能手机时，2岁多的女儿竟然可以不用任何人教，手指点点滑滑就能进入她想要的程序应用中。她一有空闲就喜欢用美图软件把自己拍的照片装扮出各种特效。她每次和我比赛“打僵尸”，都让我败下阵来。她对微信里的各种新表情，应用得比我还熟练。

我后来读了乔布斯传记才找到其中的原因。当年乔布斯发明iPhone时，就对他的创制团队伙伴们说，我这次要重新发明手机，要发明一个不用看说明书，傻瓜和孩子都能用的手机。是的，他做到了。

只是我们这些在手机上已经熟悉了键盘、指令输入的“上一代诺基亚用户”还有点不适应。我借用一个经济学的名词来解释这一有趣的现象，叫作“路径依赖”。

路径依赖（Path—Dependence），它的特定含义是指人类社会中的技术演进或制度变迁均有类似于物理学中的惯性，即一旦进入某一路径（无论是“好”还是“坏”）就可能对这种路径产生依赖。一旦人们做了某种选择，就好比走上了一条不归之路，惯性的力量会使这一选择不断自我强化，并不轻易让你走出去。

用这个名词来解释“数字移民”和“原住民”的媒介使用习惯时，我们就会发现，当人们熟悉了一种技术，并形成了这种技术塑造的使用习惯后，再去使用另一种新技术时，他就会出现不适应。再加上，“数字移民”年龄比“原住民”大，学习能力、尝试新事物的兴趣都不如后者，因此在新技术接受和使用速度上逊于后者就不足为奇了。

可是，移民面对原住民，数字时代的家庭教育由此面临种种新难题。

◎ 孩子为什么越来越“不听话”了？

中国家长对孩子说的最多的口头禅是：听话。

可是家长们想过没有，为什么孩子要听父母的话。我想了很久，找到了两条最基本的原因。

一是“我生了你”。因为我生了你，我养你，所以你要听我的话。我们有时听到有的老爸训斥孩子到最激烈时往往会说到一句，我真白生了你。这话虽然不好听，但想想其实是有道理的。法律上也会把孩子的亲生父母理所当然地列为孩子的第一监护人。

但光有第一条还不够，孩子小时候愿意自觉地听父母的话，往往来自第二个原因："你懂得比我多。"一般父母也有这样的体会，孩子最听话的时候往往是他来问你为什么的时候。因为这时他本来就是主动要听你讲话的时候。我们常说家长要有威信，往往不是威而信，而是信而威。孩子相信你，信赖你，你就有威了。孩子觉得遇到问题你可以第一个帮他解答、指引，你就有威信了。

然而，新媒介的发展正使得这重要的第二条原因发生颠覆。

在我近年来所做的"儿童与媒介"的课题调研中，特别设置了这样一个问题，同时问"00后"孩子和他们的父母：关于上网的知识，你觉得是孩子懂得多，还是家长懂得多。我们的《2014—2015年中国城市儿童网络安全和媒介素养状况报告》得出了这样的结果：到了小学高年级，70.9%的家长和65.4%的孩子都认为"在上网方面是孩子懂得多"，数据还显示，孩子们的自信心随年龄增长而迅速增加，家长对孩子的评价高过孩子对自己的评价。

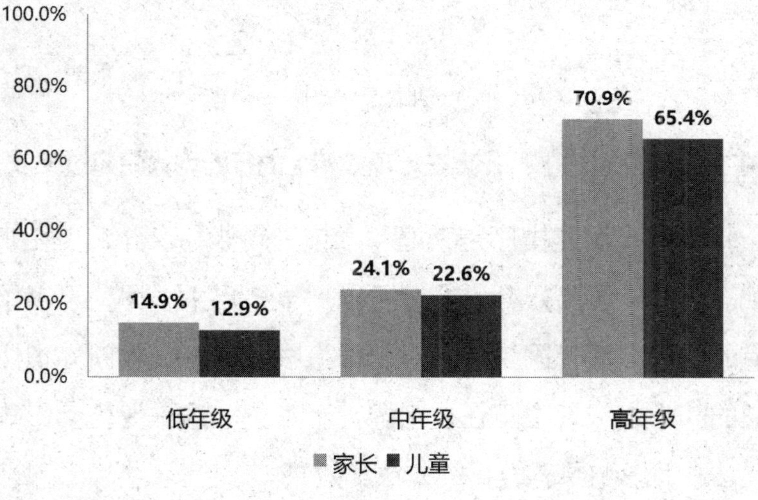

2015年8月，英国通信行业监管部门Ofcom发布的最新通信市场报告显示，6岁儿童掌握的技术知识与45岁成年人基本相同。Ofcom在此次报告中为了表明哪一年龄段的人群对技术最有信心、了解得最多，还计算了各个年龄段人群的"数字商"得分。结果显示，14～15岁年龄段人群的"数字商"为113，排名第一。不过研究人员同时指出："伴随着YouTube、Spotify和BBC iPlayer成长起来的6～7

岁儿童，‘数字商’达到98分，高于45～49岁人群，后者的得分只有96分。对数字技术的理解在14～15岁年龄段达到顶峰，随后逐渐下降。而老年用户中的下降尤为明显。”

中国的情况如何？我们的《2014—2015年中国城市儿童网络安全和媒介素养状况报告》列出了能代表一个人“新媒体技能”的10项重要指标，分别对比了儿童和他们的家长的状况，结果显示：到了初一年级，儿童在这10项重要新媒介技能的指标全部超越他们的父母。

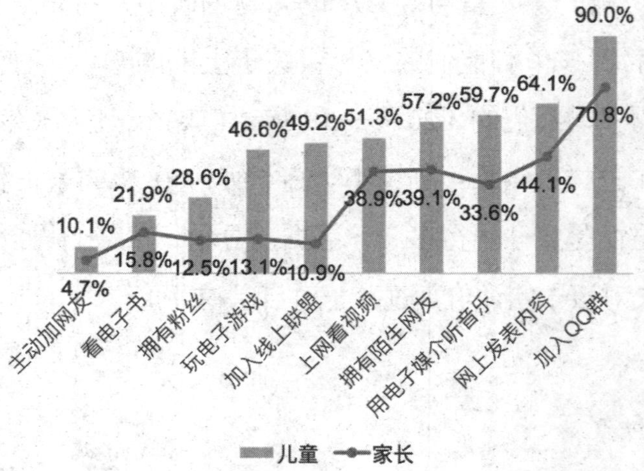

在初中00后家庭中，儿童在十项指标上的行为均大幅超过家长

以前孩子接受信息源的排序是家庭、学校、同伴和媒介，现在媒介已经上升为第一影响源。因为有了新媒介，儿童可以更早地自主学习，可以了解我们家长可能还不知道的知识。而且因为孩子对新鲜事物敏感，吸收新知识快，所以，传统家庭中家长的知识权威地位正在被削弱甚至丧失。这一变化会影响整个家庭原有的亲子关系，进而影响原有教育的方法和效果。

我们以前说亲子关系冲突比较严重时经常用一个词，叫代沟。我们常听到处于青春期的孩子无可奈何地对他的小伙伴说，没办法，我和我家那个“老顽固”有代沟。

代沟的主要含义是指子女在走向社会的过程中，背弃父母原有的观点，有了新的见解而造成的思想观念、行为习惯的差异。与代沟伴随而来的就是“代际冲突”，价值观、思维方式不同的两代人在解决问题的方式、评价问题的标准等方面产生分歧。比如我小时候，老人家就特看不惯社会上穿牛仔裤的人，还有跳霹雳舞的人。那时男孩“留大背头、戴蛤蟆镜”，多半被认为是“不正经”的人。其实这种代沟今天依然存在，就像对有的女明星的“中性美”，不同时代人评价也经常截然不同。

据社会学家们研究，在以前电视、网络还不发达的时代，一般代沟所表示的时间长度是10年到20年。而到了21世纪，随着经济发展，媒介信息多元化，每个人的个性化和自我意识增强，代沟的时间在迅速缩短。现在不但有70、80、90、00后，还有85后之说。可见，5年就可以有很明显的代沟了。另外，就是同一代人中，价值多元化、审美标准多元化的趋势也越来越明显。

今天的代沟依然存在，新媒介的出现又使家庭中出现了所谓“数字代沟”。“数字代沟”不但严重削弱了父母在家庭中知识权威的地位，还使得父母和孩子对网络中的潮流新兴文化更加隔阂。

考一考各位家长，下面这些字认识多少？

jiǒng	méi	yín	tiān	nì
囧	槑	烎	兲	氼
lè	jiào	biáo	jiào	kū
砳	嘦	嫑	嘂	圐
lüè	sù	mā	tóng	yuè
圙	玊	孖	砼	阅

这些就是近年来网上出现的新文字。我在讲座中问不少家长，绝大多数家长

说只能认识第一字，那还主要是因为看了电影《泰囧》《港囧》。

记得我们小时候，家长特别是妈妈有时会偷看孩子写的日记。我的一个小学女同桌，对此就深恶痛绝。有一天她对我说，她特地买了一个可以上锁的日记本，把钥匙天天放在自己的书包里。

今天，我们的“小苹果”们，在QQ空间上写日志，在微博上发帖子，允许老爸老妈们进来踩一下、顶一下，但是老爸老妈们打开电脑时，却傻了眼，这孩子写的说的都是哪门子外语啊？

今天，“苹果世代”们使用着他们创造的网络语言，用火星文在交流。就连大人们也开始用他们创造的词汇。“给力、蛮拼的”，这些网络语言出现在官方媒体的头版，出现在国家领导人的口中。年轻人正通过网络引领着时尚潮流，而大人们成了追随者。

早在1999年，美国国家远程通信和信息管理局就发布了名为《在网络中落伍：定义数字鸿沟》的报告，他们提出了一个名词“数字鸿沟”：指的是一条在那些拥有信息时代的工具的人以及那些未曾拥有者之间存在的鸿沟。正如这份报告题目所指出的，有人在网络中落伍了，不过这次落伍的不是孩子，而是大人。这种差距，不只是上面所说的对网络语言的掌握，还包括使用新媒介的频度、深度和使用方式。如今，这种数字鸿沟深深地体现在“00后”儿童与他们的“70、80后”父母身上。

美国社会学家玛格丽特·米德在《文化与承诺》一书中，将人类社会划分为“前喻文化”“并喻文化”和“后喻文化”三个时代。在“前喻文化”中，晚辈主要向长辈学习。“并喻文化”中晚辈和长辈的学习都发生在同辈人之间。而在第二次世界大战后，科技革命的蓬勃发展使整个社会发生了巨大的变革，社会由此进入了长辈反过来向晚辈学习的“后喻文化”时期。“如果说过去存在若干长者，凭着在特定的文化系统中日积月累的经验而比青年们知道得多些。那今天却不再如此。”

最生动反映“后喻文化”的是2014年的一则新闻：重庆邮电大学一个同学为了让自己的爸爸妈妈学会微信，专门自制一本微信使用说明手绘本。在我们身边，越来越多的爷爷奶奶在孙子、孙女的帮助指点下，加入了朋友圈。

可是，如果孩子一问你三不知，或者遇到一个新问题，孩子早知道了，你还不知道，你在孩子心目中的形象还会是高大有威信的吗？如果我们的孩子关于这个世界的第一次发问，都不是来自父母，而是自己从屏幕上获得的，我们不禁要思考，我们父母教育职责尽到了没有？

在这个不能做知识权威的数字家庭中，我们如何建立新型的亲子关系？我们如何提升自己的学习能力和速度？我们如何在还不熟悉的数字世界中陪伴和引导孩子成长？这是“苹果世代”父母的新任务。

当然，这个任务绝不轻松。它比我们在印刷时代，教会孩子读书识字，然后培养他们的学习习惯，更加艰巨而复杂，这也是家庭媒介素养教育的使命。

第二章

家庭媒介素养教育五步法

◎ **和孩子们一起迎接新世纪的挑战**

面对女儿，我常想起鲁迅先生一篇文章《我们现在怎样做父亲》。他写道："父母对于子女，应该健全的产生，尽力的教育，完全的解放。"对孩子，父母的职责就是："一，要保存生命；二，要延续这生命；三，要发展这生命。"

那一代中国的父亲，"'自己背着因袭的重担，肩住了黑暗的闸门，放他们到宽阔光明的地方去；此后幸福的度日，合理的做人。'这是一件极伟大的要紧的事，也是一件极困苦艰难的事"。因为，"一面清结旧账，一面开辟新路"。

鲁迅这篇文章写于20世纪初，100年过去了，上面所讲的这些任务没有完成，新的科技革命又叠加了新的任务。我们的家庭教育一方面还没有完成100年前开始的"回到童年"的教育启蒙运动，另一方面又与全球同步迎来了新媒介革命。

如何解放儿童、发展生命，克服自己因袭的陋习，和孩子们一起迎接新世纪的挑战，迎接人类新时代的到来，这是当代家庭教育的重大使命。面对"苹果世代"，针对孩子们在屏幕前、在网络上出现的种种新情况、新问题，家长们迫切需要在家庭教育中及早实施媒介素养教育，让孩子们安全、健康、文明地在网络世界中成长，成为适应未来时代的合格公民。

如何改变自己、迎接挑战，在家庭中实施媒介素养教育，做数字时代的榜样父母呢？为了方便家长们记忆和操作，我们将其汇总成"12345"：把握一个原则，区分两个阶段，关注三大问题，培养四种能力，善用媒介五种功能。下面分节详述。

第一节 把握一个原则

趋利避害是人类的本能，在媒介技术突飞猛进和信息爆炸的今天，人类的这种本能也在不停地被触发。而我在倡导家庭媒介素养教育的同时，也将其作为家长们首先需要把握的一个重要原则。

◎ 新媒介的担忧

回顾新媒介发展的历史，每一次新媒介的出现都引起过家长们的担忧和恐慌。特别是新媒介中传播的不良内容对儿童造成的侵害，一直是大人们关注的焦点。与之相应的是，媒介素养教育的理念开始兴起，并与时俱进，不断发展。

早在20世纪20年代，当时的家长们就对好莱坞电影充斥着“拳头+枕头”的情节，对儿童道德、价值观的冲击表示担忧。当时一个美国男孩看了超人电影，也学着电影里的超人，披着斗篷从楼上跳了下去。当然结果他没能像超人那样飞上天，而是摔死了。1928年，出于对电影的色情暴力等对儿童不良影响的担忧，美国电影调查委员会邀请了一大批心理学家、社会学家和教育学家，来研究评估电影对儿童的影响。这就是传播学研究中非常重要的“佩恩基金会研究”，这项研究的成果，最终促使美国出台了《海斯法案》，推动了今天世界各国广泛采用的电影分级制度的出台，也就是我们听说过的“三级片”的来源。

在美国对电影进行研究的同时，在大洋彼岸的英国，一个叫利维斯的剑桥大学教授在他的一本著作中第一次正式提出了媒介素养教育（media literacy）的概念。在20世纪30年代，他希望通过媒介素养教育让青少年可以抵抗住庸俗文化对高雅文化带来的冲击。

后来，带有色情、暴力的动漫书开始引起家长们的担忧，当时一位作家还写了一本引起轰动的著作，控诉不良动漫对儿童的影响，那书名起得很直观、形象，代表了普通大众的心声，叫作《伤害无辜》。这情形和现在新闻媒体批评《喜羊羊与灰太狼》《熊出没》动漫剧里暴力语言镜头带坏孩子，简直如出一辙。

随着广播、电视的普及，以抵抗、免疫为主流的媒介素养教育理念开始动摇。更多的学者专家认为，与其消极抵抗低俗文化、不良信息的伤害，不如主动让青少年学会辨识信息，学会用理性思考、批判性思维的方式对待各种信息。

20世纪末，电脑、网络、手机开始成为主流的新媒介。对家长来说，相比之前的电影、动漫书、电视剧，互联网简直是释放了一个魔鬼。

没有了遥控器的互联网，可以让孩子随时随地浏览、观看。在网络上，孩子们再也不是之前被动的信息接受者和使用者，还成为各种信息的主动发布者、传播者和创制者。通过网络，他们不但可以转发、点评，还可以交友、消费。孩子们不但可能是网络受害者，还可能成为加害者。他们不只大脑可能受到“毒害”，人身安全也可能随时受到威胁。

美国著名媒介理论家保罗·莱文森曾讲过一个“枪、刀子和枕头”的故事。枪，可以杀人，成为犯罪工具。于是，人们谈枪色变，认为枪不好，是凶器。但是，如果有人把枪作为武器去制止犯罪呢？或者不把枪用作侵犯人的武器，而用它来打猎获取食物，或者用枪参加运动会上的射击比赛，枪是不是变成了好的东西呢？可见，我们不能一提枪，就将其视为邪恶的设备。再说枕头，它柔软、舒适，可以用来帮助睡眠，但是它也可以用来让人窒息至死。枪、刀子和枕头有一个共同之处，那就是它们都可以用作好的目的，也可以用作不好的目的。这个故事，充分说明了技术或工具的两面性。工具无罪，关键看使用它的人如何使用，以及用它来做什么。媒介也一样，对孩子来说，媒介是一种工具，本身没有好坏，关键是人们想用它做什么、怎么用。因此当我们探讨新媒介的利与弊时，我们不是说哪种新媒介本身是好的还是坏的，而是说它在什么情况下对人有利或有害，或者说在何时、何地，由何人使用导致的结果对人有利或有害。

今天我们已经不能拔掉网线，断绝孩子们的网络生活，在新媒介成为儿童基本生活新工具、儿童成长新环境和儿童所处时代新动力的背景下，我们要思考的是如何通过媒介素养教育趋利避害，让儿童在网络世界中更好地保护自己，并发展自我。

在实际生活中，我们对新媒介既不能过分限制，将它们视为洪水猛兽，也不能过分放纵，疏忽大意，关键是掌握孩子能用它做什么，家长想用它做什么。媒介对儿童的影响，不是单方面由媒介造成的，它是家庭教育综合结果的一个反映。今天的家长需要一种更加积极的态度，将新媒介作为促进儿童成长发展的一种建设性动因，教会孩子趋利避害，让媒介更好地为我们的生活和学习服务。

如果说今天的孩子从小就生活在移动互联网铺就的信息时代高速公路上，那么智能手机和平板电脑就是从小给孩子们配备的一台跑车，但是我们的孩子怎样才能成为一名合格的司机？媒介素养就是我们必须教给这些小司机的基本技能。我们要安全文明地在高速公路上行驶，更快地到达目的地，但要小心驾驶不能翻车。

与其担忧，不如赋能。我们只能通过媒介素养教育增强儿童应对风险的能力，才能化“危”为“机”。

◎ 新时代的核心技能

对于更多有远见的家长来说，新媒介带来新担忧的同时，更带来了空前的新机会。

美国著名未来学家戴维·霍尔在他的《大转折时代》一书中，将新世纪以来的人类社会称之为“大转折时代”。他认为，人类正从农业时代、工业时代、信息时代进入他定义的转折时代。1985—2005年这近20年是进入转折时代的“过渡期”，它是21世纪和新千年的发端期。2011—2020年是21世纪的第二个十年，是真正进入了转型期。

他说，工具定义了农业时代，机器定义了工业时代，科技定义了信息时代，而观念将定义转折时代。在这个时代，之前所有的惯常思维都将逐渐被新观念所取代。在这个时代，一些行业的边界都在被打破，政治、经济、文化、教育等领域的传统模式都在变革。

这样的变革我们在中国也感同身受。

21世纪的头十年，以智能手机和平板电脑为代表的新媒介科技正深刻改变着我们的世界和生活。社交媒体正改变着中国，移动互联网革命真正到来了。以互联网为代表的新经济，不再是看新闻、打游戏、发帖子，它在全面进入商业、制造业、金融业等各个领域。O2O模式正席卷各大产业，所到之处，打破行业壁垒，掀翻传统巨头，改变游戏规则。“互联网思维”这个名词开始被越来越多的人谈起，并迅速被社会各界人士认同和接受。有专家预言：一切的行业都在互联网化。换句话说，未来一切行业都是互联网行业。

新媒介还深深地改变了人们的交往、娱乐和生活方式，甚至塑造了人本身。在《大转折时代》一书中，戴维·霍尔认为，数字土著是21世纪的第一代人，过去的15年以前所未有的速度发生的技术变革塑造了这一代人。他们没有任何来源于20世纪的回忆、惯常思维、既定行为模式、观念和文化背景。他还列出了关于这一代孩子有趣的、令大人们惊异的行为：

一个4岁的小孩可以数到20，懂得加法，正在用平板电脑学习乘法；

一个3岁儿童在15分钟内破解了爷爷的手机密码，然后下载了一组须付费的第三方应用程序；

一个7岁的男孩用爸爸的平板电脑自学PPT软件，并要求将平板电脑带到学校，用PPT完成作业交给老师；

一个18个月大的婴儿能够成功搜索YouTube（相当于中国的优酷网），找到自己最喜爱的动画人物；

一个3岁儿童在父母外出时打开Skype（相当于中国的微信）呼叫祖母，因为他有一个问题要问她；

三个10岁儿童用“谷歌文档”合作编写了一份四年级的班级计划书。

其实，拿我们身边中国的“苹果世代”和这些美国的“数字土著”相比，他们的数字化技能也一点不逊色。这充分说明了科技正推动全球一体化，在这个小小的地球村里，不论在纽约、伦敦，还是在北京、上海和广州，新一代“数字土著”在世界各地，在屏幕前迅速成长。

戴维·霍尔在书中乐观地认为，“数字土著”很可能是第一代具有以下思想的人：在成长过程中认为自己首先是全球公民，并且最重视这一点；在任何年龄段，他们的思想都将比此前任何一代人更加活跃，他们是转折时代真正意义上的第一代人，其成长过程是前所未有的；他们将引领人类、帮助人类迎接意识的新一轮进化，将引领我们进入人类历史上从未有过的创造力与意识的新领域。

时代变了，孩子变了，教育当然要变，而且事实上，新媒介科技已经在改变教育的方方面面。

2004年，为了帮助在数学考试中考砸了的表妹补习，一个叫萨尔曼·可汗的美国年轻人把自己的数学辅导材料制作成视频放到网上。结果好评如潮，上网学习者如云。于是，他在2006年以自己的名字在网上创办了一家“可汗学院”，制作各种教学视频，帮助那些在学校学习中遇到困难的人们。到2014年1月，YouTube上的可汗学院频道共吸引了163.3万订阅者，观看人次3.55亿。现在它每个月为全球600多万学生提供在线教育，这一数字超过了哈佛大学从创立至今所培养学生总数的10余倍。2012年，这个1976年出生的年轻人，他入选《时代周刊》全球100名最具影响力的人。

在可汗学院的带动下，翻转课堂、慕课正在改变全世界传统学校的教学模式。今天你进入各种网上公开课，就可以看到全世界一流大学的在线课程。在TED中，你可以聆听全世界各地梦想家们的思想精华。当然，如果你愿意，也有机会让全世界听到你的声音。

在家长们担心孩子在屏幕前“玩物丧志”的同时，全世界越来越多的教育家、心理学家和工程师们加入到网络游戏的研发团队中来。现在平板电脑上不少寓教于乐的游戏，让孩子们学拼音、写字、绘画、算数、音乐……事实上，在我们身边，一些幼儿园的孩子早早地通过一些识字游戏软件在上学前就学会了小学一年级所应掌握的全部汉字。不过，这对一年级的老师来说，不是个好消息，她们抱怨，这些孩子往往上课走神。教电脑课的老师更抱怨，孩子们老说“没劲儿，我早就在电脑上学过了”。

通过游戏越来越早地对儿童进行相关技能的训练正成为事实。“玩物不再丧志”，游戏就是最好的学习，技术也正让家长们对电子设备“化敌为友”，它们正成为家长在新时代教育子女最好的教育工具和教育资源。

借助大数据技术，在线教育可以更好地实现终身学习，做到及时跟踪、实时反馈、随时测试、个性化推荐，通过网络我们还可以实现全球范围的学习协作。技术发展正描绘了教育发展的无限可能性。

正如萨尔曼·可汗在他的《翻转课堂的可汗学院——互联网时代的教育》一书中讲道：现在，谁都可以享受世界一流的免费教育。他说，现在也是重新审视教育制度的最好时机。历史上的教育机构和教育模式都是在历史的转折时期应运而生的。比如美国哈佛大学和耶鲁大学是在北美殖民地建立不久后创办的，而麻省理工大学、斯坦福大学以及各州州立大学系统则是美国工业革命和领土扩张的背景下诞生的，孔子的私学是在礼崩乐坏的春秋时代设立的。我们正处于信息时代，一个在历史上具有重要意义的转折点的早期阶段。在这样的时代，教育的空前变革正在孕育成长。他说，传统的教育方式必须进行变革，教育必须回归其本质，必须满足社会的需求，必须促成个人的进步，必须维系人类的繁荣。而科技为我们提供了摆脱这种限制和束缚的能力，让教育变得更加便捷、灵活和个性化。它还能培养学生的主动性和个体的责任感，重新唤醒学习过程的乐趣，让学习变得如同寻宝游戏一般有趣。借助新媒介技术，我们完全可以重新唤起孩子被传统课堂压抑的学习热情和充分调动他们的好奇心。

一方面，可以借助媒介平台便利高效的教育资源，而不一定仅依赖校园，这为家庭教育提供了新的机遇。从另一个方面讲，信息的爆炸、科技的发展也对未来社会每个人自身的能力素质提出全新的要求，也将不断改变人才培养目标和教育内容。这也是家庭教育需要关注的。

美国教育部前部长雷利说过："在2010年，美国最热门的十大职业在2004年还不存在。"现在家长送孩子读大学的一个最朴素目标是找好工作，也就是教育的一个重要功能：职业准备。那意味着，我们的孩子现在要为今天还不存在的工作做准备。

今天在中国，"互联网+"正在改造和颠覆传统行业，新的职业机会也层出不穷。"互联网+"带动知识社会2.0的全面到来，为人才培养提出了全新要求。

我们的教育不只盯着今天的职业准备，还要放眼明天的世界变革。新时代的文盲，不再是那些不会读书识字的人，而是那些不会学习、没有掌握最新学习技能、和不会学习处理信息及知识的人。美国“21世纪学习技能委员会”定义的新世纪儿童的核心学科主题有三个：第一个是生活和职业的技能；第二个是学习和创新的技能；第三个是媒介与信息技术的技能。

充分善用媒介，培养新媒介技能，媒介素养教育正是21世纪新时代儿童必备的核心教育。

我觉得任何成功的教育都离不开教育者对两大关键问题的把握：“审时度势”和“因材施教”。家庭教育也一样。借用经济学中宏观经济学和微观经济学的概念，我们也可以称“审时度势”为宏观家庭教育学，“因材施教”为微观家庭教育学。

明智、有远见的家长，总是充分地认清孩子所处的时代背景，根据自己的“见识”“眼界”，为孩子营造更利于顺应这个时代发展的环境、资源，培养出长大后能够适应这个社会和时代发展的“弄潮儿”。从这个意义上讲，父母的眼界、见识有多大，家庭教育的格局就有多大，孩子的发展空间和可能性就有多大。今天，身为“苹果世代”的父母，我们特别应该了解身处这样一个被新媒介改变的世界和时代，了解被新媒介改变的新生代孩子们，了解正在发生的教育变革。

近年来，传统学校教育正在适应新技术发展和时代要求而不断变革，可是我们传统的家庭教育呢，还在充当传统学校教育的补充和配角。新媒介科技的发展给家庭教育变革提供了无限的可能性，当学校教育因为体制、传统的因袭举步维艰地进行改革时，家庭教育完全可以比学校教育有更广阔的视野和明确的新目标，并且完全可以取得更明显的成效。借助新媒介，今天的家长可以做得更多、更好。我们可以在新媒介上找到更多的教育资源和教育伙伴 。

印度著名诗人泰戈尔曾说过：“不要用自己的学识限制孩子，因为他出生在与你不同的时代。”为了孩子拥有更美好的未来，今天所有的家长和教育者要勇于迎接挑战，做出改变。但是，我们每位家长为此做好准备了吗？面对新媒介，今天的父母更应加强自身的学习，与科技潮流保持同步并轨，跟上孩子数字化成长的步伐。只有这样，我们才能真正知道新媒介可能对孩子产生的机遇和挑战是什么，才能利用新媒介为孩子的成长、学习服务。也只有了解孩子们在新媒介方面用了什么、做了什么、看了什么，知道他们的偶像，了解他们这一代人的潮流文化，用开放的心态，去学习、去了解、去关心孩子，大人才能与孩子们和时代同步，不被孩子们嫌弃落伍了。

在后喻时代，家长也不要怕孩子懂得比你多。孔子说："三人行，必有我师"。我觉得这句话用在现在一家三口正合适。这三个人里就有你的孩子。今天的智能手机和移动互联网正如当年火车取代汽车、蒸汽机取代水磨一样，不可阻挡。人类正大踏步地进入数字时代，或者说全人类都在往数字世界迁徙。借助新媒介技术，"苹果世代"正成为这场大迁徙的先锋。人类历史上第一次，孩子和大人使用同样的技术和工具，并且在某些方面比大人用得更多、更好。家长若保持初心，放下成见，改变自己，不断学习，掌握新媒介技能，实施媒介素养教育，那么完全可以在屏幕前的教养危机中化"危"为"机"。

第二节 区分两大阶段

家庭媒介素养教育在对儿童数字化成长环境和时代趋势有了充分认识，建立趋利避害的理念之后，还要进一步了解儿童的数字化成长历程，把握儿童数字化成长的规律和媒介素养教育关键期，并根据儿童成长的不同阶段及特点，采取不同的方式。

◎ 抓住数字化成长的关键期

根据我所进行的全国“儿童和媒介”课题研究成果，结合儿童发展心理学和教育关键期理论，我们将0～14岁的儿童分成了6个年龄段进行研究，即0～2岁、3～6岁、7～8岁、9～10岁、11～12岁、13～14岁。通过这6个年龄段儿童的新媒介接触、使用行为和素养状况的对比分析观察，我们发现儿童数字化成长在小学中年级，也就是小学的三四年级，出现了一个相对重要的关键期。在这个时期，儿童在媒介接触使用行为方面从之前的以娱乐为主，向娱乐、学习、交往、表达等全方面发展，也就是说他们此时涉足的“屏幕领地”已经与他们的父母无异，完成了从“小玩家”向“小用户”的转变。同时，这也为他们到13～14岁时，掌握的新媒介关键技能“反超”他们的父母打下了全面的基础。

根据教育心理学的研究，小学中年级也是孩子在小学阶段，乃至整个儿童时期的关键期。三年级孩子的一般年龄在9～10岁，在小学教育中正处在从低年级向高年级过渡的时期，是培养学习能力、意志品质和学习习惯的最佳时期，也是良好学习习惯定型和培养的最后关键期。这个时期，孩子们的生理和心理都会有明显的变化，开始从被动学习向主动学习转变，虽然开始有了一些自己的想法，但是他们辨别是非的能力还极其有限，社会交往经验缺乏，经常会遇到很多自己难以解决的问题。这也是一个充满风险的时期，如果经过正确引导，孩子们就可以安然度过这个不安的时期，使综合能力得到迅速提高，在成长的道路上将会实现一次具有重大意义的人生转折和跨越。

因此，我们以三年级作为一个分水岭，再按照“预防为先”的思路将家庭媒介素养教育对象也分为两个阶段（主要涵盖2～13岁），8岁之前是一个阶段，8岁之后是一个阶段，采取不同的教育方法和策略。

◎ 2～8岁　树诚信，立规则，珍惜“管得住”的黄金期

小学低年级和学龄前孩子接触到的知识相对不多，开始使用智能手机和电脑玩游戏时多是以玩简单的游戏为主，这个阶段的孩子还天天在父母的身边，朋友的交往也都在有限的范围内。因此，2～8岁是父母把握得住，能与孩子建立规则，培养合理健康的媒介使用习惯的黄金时期。

这个阶段，孩子比较信任和依恋父母，主要是和父母在一起，受到外界的影响还不大，是培养良好习惯的好时机。此时，如果亲子沟通不够，那么孩子到了8岁以后，自主意识和反叛意识逐渐增强时，就容易出现网瘾、网恋等各种问题。家长们要充分珍惜这个教育“最有效”的宝贵时期，多花时间陪伴孩子，多与孩子面对面沟通，合理安排好孩子的家庭生活。自己也要以身作则，帮助孩子养成良好的学习生活习惯。这个时期，父母特别要注意在孩子面前树立起诚信形象来。要在“爱与管束”中找到平衡点，既不过于严苛，也不能放纵溺爱，温柔而坚定地建立和执行规则。

◎ 9～13岁　平等心，多沟通，给孩子自主和责任

小学三四年级起，大多数学校开始有电脑课，此时孩子开始“正式”“合理”地接触电脑。尤其是小学高年级，孩子进入青春期前期，他们开始拥有自己的手机，使用媒介也不再局限于玩玩小游戏了，而是在网络上任意冲浪，比如进行网络交友、玩刺激的网络游戏、进行大量的屏幕阅读等。这时期的孩子，生活中不再是父母最大，朋友的影响逐渐增强，而父母对孩子的影响逐渐减弱。此时，媒介管教成为父母最大的难题。

媒介的发展、信息的冲击，让孩子每天都接受着从四面八方而来的各种思想和价值观。如果孩子在不断接受新信息、新知识的同时，父母却因循守旧，就会导致亲子间的代沟越来越大。孩子甚至会认为父母没有跟自己对话的资格，父母很落伍。因此，父母只有及时了解新媒介发展，掌握相应的知识和技巧，放下身段，向孩子学习不懂的媒介知识，变权威为沟通，好好坐下来和孩子交流，主动了解孩子对媒介的需求，了解孩子的内心想法，这样才可能在对孩子的教育中获得主动权，实施科学有效的家庭教育。

13岁以后，孩子也开始面临青春期，独立意识更强，应该让孩子开始承受责任，朝着独立自主的方向发展，培养他们自主生活、选择和判断的能力。

我们可以用扩音喇叭的形状来做比喻，喇叭靠近嘴巴的地方口小，然后往外口越来越大。也就是说，小的时候要给孩子建立必要的规则约束，随着年纪的增大，应逐渐扩大孩子的自由空间和自主权。

但在实际生活中，我们看到很多家长恰恰走了相反的路线。小的时候，处处以孩子为中心，放纵溺爱，没有建立基本的规则意识，等到孩子大了，快进入青春期时，看到孩子的一些逆反行为处处不顺眼，开始管这管那。但是此时的孩子由于早期没有获得基本的规则、责任意识培养，又逢心理叛逆期，结果家庭处处是矛盾，父母要花成倍的时间和精力来弥补和挽回。

（关于更详细的分年龄段的家庭媒介素养教育攻略见本书第三章）

第三节 关注三大问题

在家庭媒介素养教育中，家长在日常生活中要重点关注三大问题：安全问题、成瘾问题和关系问题。关注了这三个问题，就可以较为有效地避免目前常见的儿童网络风险与伤害。

安全问题，就是关注和防范孩子可能在屏幕生活和网络世界中遭遇风险和伤害；

成瘾问题，就是关注和防范孩子因无节制使用电子设备，而对学习、生活和身心健康造成不利影响；

关系问题，就是关注亲子关系和媒介关系，避免媒介使用行为对孩子可能造成的不良影响，避免因媒介使用给亲子关系带来的不利影响，尽量让亲子关系大于媒介关系，通过亲子关系来调整孩子的不良媒介使用行为，及时引导孩子在网上趋利避害。

1. 关注网络安全问题

◎ 消逝的童年

我还记得自己中学上生理卫生课的场景：老师叫女生留在教室里，男生集合到另外的教室学习。然后，老师拿着一幅人体结构挂图，给我们讲解。很多男生都很好奇，一些人则有点不好意思。讲到生殖系统时，我注意到年轻的老师脸上也露出有点尴尬的笑容。

我后来和一些老师聊起这个话题，我问现在的生理卫生课怎么上啊？不少老师说：呵呵，别说中学生，就是小学生对这些懂得一点不比你少。你还遮遮掩掩的东西，孩子们早已在网上弹出的小窗口、两性话题、论坛，还有一些动漫书和深夜广播节目里学习过了。

家长们开始感叹今天孩子的早熟。他们早早从屏幕里知道了太多“大人的秘密”。他们不但知道了超越他们这个年纪的“男女之事”，还在各种宫廷剧、穿越剧、韩剧里流连忘返。他们很早就开始了解宫廷政治、各种阴谋算计，婆媳间的家长里短，办公室里的明争暗斗。

他们很小就懂得在父母或老师的朋友圈和微博里了解他们的喜好。他们不用像我们直到走出校门、走进社会时，才感慨丛林法则、潜规则。他们早早就开始愤世嫉俗、玩世不恭。他们经常说些刚学来的流行词，让正在教育他们的大人目瞪口呆。他们越来越像“小人精”“小大人”。传统田园牧歌式的“天真纯洁”的童年生活被扰乱。电子媒介正在让我们心目中的童年消逝。

美国传播学者尼尔·波兹曼在他的《童年的消逝》一书中生动地论述了20世纪八九十年代美国社会因电子媒介的普及导致的儿童成人化的现象。他认为，我们今天所谈的“童年”的定义是随着谷登堡发明印刷机之后出现的。在此之前的中世纪，“没有识字文化、没有教育观念、没有羞耻观念”，因此也就没有专属于儿童的所谓“童年”。自从有了印刷术，儿童一定要通过接受“读书识字”的教育，于是才有了大规模通过教科书教育孩子的学校的普及。

“印刷机创造了一个成年的定义，即成年人是指有阅读能力的人。相对地便有了一个新的童年定义，即儿童是指没有阅读能力的人。”我们身边也有不少老人，把孩子上学说是该“读书识字”了。可是以电视为代表的电子媒介改变了这一切。第一，理解电视的内容不需要任何训练；第二，无论对头脑还是对行为，电脑都没有复杂的要求；第三，电子媒介不保留任何秘密，你打开电视可以看到整个社会的缩影，一览无余的电视节目把许多以前大人不在小孩面前谈论的事情也展示出来。如果没有了这些秘密，童年也就不存在了。所以波兹曼不无悲哀地说，儿童正在消失，而剩下的都是成人化的儿童。

另一位学者大卫·帕金翰则用了一个更吓人的标题做他的书名：《童年之死》。他说，在电子媒介时代，“儿童溜入了广阔的成人世界——一个充满了危险与机会的世界，在这个世界中电子媒体正在扮演着日益重要的角色”。成人世界向童年世界完整地曝光了。这样，童年也就无法再返回到单纯与天真了。

波兹曼的感叹发生在智能手机、平板电脑和移动互联网尚未风行的20世纪末。当今社会新媒介对儿童和成年人生活的介入比那个时候更加深入和广泛。但是就我个人的观点来说，我虽然承认新媒介对儿童成长的巨大影响，但同时我也认为童年本身也是一个与时俱进的概念。新媒介大大加速了儿童的社会化过程，让今天的“苹果世代”比他们前代人更早地了解和步入了社会，这确实是正在发生的事实。

我们曾经用房门、家门、校门，为孩子屏蔽和阻挡社会的风险，但是今天在网络世界中，孩子们却可以轻易地推开“任意门”，走进精彩又无奈的大千世界，闯入险恶的“江湖”，轻易地脱离游泳池的安全区，进入危险的深水区。

消逝的童年提示我们，今天要更早地告诉孩子们“为人处世”的社会知识，及早地告诉他们什么是正确的，什么是真善美，在他们的心智和社会阅历还没有达到相应成熟阶段时，实施必要的安全和保护措施。

我们已经无法时刻在孩子身边盯着不让他们闯入“深水区”，而且他们还那么迫不及待地游向由移动互联网和智能设备汇聚的信息海洋，因此我们必须要像教他们学游泳一样，教给他们在信息海洋中求生存的必备技能，教给他们驾驭海水的能力，让他们安全地享受并探索，并随时准备在他们遭遇不可抵抗的风浪时施以援手。

◎ 关注网络安全的四个问题

在家庭媒介素养教育中，家长主要关注孩子以下四个方面的网络安全问题：

（1）辨别不良信息

目前互联网上不良内容泛滥，对孩子的影响越来越大。孩子正处于心理、生理发育不成熟期，对是非美丑的辨别力较弱，自控力也不强，因而更容易受到网络上不文明、不道德信息的影响。

（2）保护个人隐私

随着网络的发展，个人隐私正遭受侵害。大量个人信息正在通过互联网等渠道被盗取和传播。而且随着社交网络的发展，人们还会在微博、微信等社交媒体上过度分享，“主动”泄露个人信息。在网上，孩子快成了一个透明的人，人身安全受到威胁。

（3）关注网络交友

交网友，是时下儿童、青少年普遍的社交方式之一。但网络交友的不确定性与风险极高，最让家长担心。

（4）预防网络侵害

看似自由、无边际的网络空间，处处充满风险。孩子的一言一行，在网络上都会留下痕迹。对于网络言论、知识产权、色情图片、网络欺凌等容易“触礁”领域，家长要特别注意，预防孩子成为受害者和加害者。

（家庭网络安全教育的四大问题相关教育对策具体内容，参见本书下篇第五、六、七、八章）

2. 关注网络成瘾问题

◎ 为什么会上瘾?

网瘾形成有许多因素，但从大体来讲主要来自两个方面，或者说是两大力量：网络世界的吸力和现实世界的推力。

一方面，媒介连通的网络世界声光电五彩缤纷，随时随地有一堆人等着跟你交朋友、玩游戏，给你讲故事，听你讲心事。孩子可以轻易地在网络当中获得人际互动、荣誉和友谊。这样便利、快乐、刺激的屏幕世界，自然吸引孩子。但是另一方面，现实世界的推力也是网瘾形成的重要因素。相比网络世界，现实生活中孩子们有更多的压力、无聊、烦恼、被拒绝、被批评……

研究发现，患上网瘾的孩子主要有以下四个共同特点：

（1）低自尊：在现实中找不到成就感，如遭遇学习挫折。

（2）人际关系差：长相不讨人喜欢、社会经济地位低、口头表达能力差的孩子。

（3）家庭功能差：缺少父母的陪伴或父母不会表达关心，以及亲子关系紧张。

（4）对生活感到无聊，没有目标：网络是逃避这些生活压力的最佳途径。

因此，我经常劝告那些为孩子患上网瘾而苦恼的家长，先反思一下，在孩子的成长过程中，自己有没有投入足够的时间和精力，为亲子“感情账户”积累资本，如果孩子没能在平日生活中感受到家长的有情、有趣，经常遇见的是监督、指责、拒绝、漠视，那孩子当然会更快地拥抱屏幕。在孩子心目中，亲子关系总是轻于他与媒介的关系，那他一定会更多地逃进屏幕的世界。

◎ 向游戏的“成瘾设计”学育儿

有的家长会说，你说得好轻松。打游戏多好玩啊，我让孩子学习、读书，都是苦活儿，他当然不愿意了。

不少家长都说：“我那孩子在假期里抱着平板电脑打游戏，一坐就是一两个钟头，雷打不动，一声不吭，水也顾不得喝一口，他这专注的劲头儿要是用在学习上该多好。”

游戏为什么这么吸引人？我为此专门请教了一些做网游的朋友。他们给我透露了一个“行业秘密”，那就是网游行业中专门有人研究“成瘾设计”，即如何通过程序设定让玩家上瘾。这个成瘾设计的核心就是研究人的需要、人的本能。

人有哪些本能的需求呢？心理学家说至少有以下四种：一是求新，好奇的本能；二是求安全，畏惧的本能；三是求关注，获得爱、友谊等的本能；四是求赞扬，获得成就感的本能。

好的游戏恰好可以满足人的这些需求。网游的互动性、仿真性和竞技性满足了孩子求新和好奇的本能；网络本身的隐蔽性和匿名性给人以安全感；在网上呼朋唤友，在各种工会、联盟中“结社组团”，获得了关注和友谊；在网游中通过自己过关或积分，立即得到相应的奖励，并引来其他游戏玩家的赞扬，获得了极大的成就感 。

可孩子们平时在家受父母监管，在学校又要受老师制约，一旦他们使用网络就觉得真正进入了自由天地。孩子们有着强烈的好奇心，渴求纯正的友谊，同时又希望得到他人的赞扬以获得心理上的满足，但在现实生活中这些都不易得到，而在网上的虚幻世界中却可以实现，于是他们奋不顾身地投向网络世界。

现实世界当然不可能完全像虚拟世界那样完美、自由，但在日常家庭生活中，我们能否从网游的“成瘾设计”中获得启发，调整我们与孩子的相处之道呢？我觉得家长至少有三点可以改进：

一是找乐趣，屏幕上的场景、人物，色彩靓丽动人，情节跌宕起伏，确实吸引人。家长应考虑在现实生活中如何寻找孩子的兴趣点，让孩子体会乐趣。二是设目标，没有目标就没有奔头，就会无聊，玩游戏的目标很明确，就是过关，而且是分阶段的，由易到难，孩子可以不断地在“小胜”中体验成功的快感。现实生活中我们应思考如何给孩子制定合理有效的目标，如何让孩子从小有梦想并勇于实现梦想。三是定规则，电子游戏的规则都很明确，或积分，或充能量，或得到宝器，而且奖罚分明，没有任何情面可讲，失败了直接Game Over，获得奖励立即兑现。我们对孩子从小就要制定基本的规则，让他们懂得做人做事的基本规范，并且和孩子约定相应的奖罚，及时兑现承诺。

如果我们在陪伴孩子学习和生活中，都能像游戏设计师那样，激发动机、寻找乐趣、设定目标、追逐梦想，循序渐进地让孩子体验成功的快感、体会人生的意义和价值，那我觉得在和屏幕的这场“争夺战”上，我们家长又可以多些主动权了。

◎ 和孩子约定吧

家长们关注孩子的网瘾，主要是担心孩子影响视力、耽误学习，于是归咎于手机、电脑，认为是屏幕夺走了孩子。其实换一个角度想，当今天线上与线下生活越来越紧密相连，虚拟与现实生活彼此交织，新媒介成为人身体和生活的一部分时，我们与其思考为什么是网络夺走了我的孩子，倒不如想想，我们如何让孩子过更有意义、更有乐趣的生活，这生活既包括线下的，也包括线上的；我们有没有提培养给孩子们合理安排时间、规划生活的能力，而且我们要通过约定的方法，不是控制和命令的方式来实现这样的目标。

我在家庭媒介素养教育讲座中，经常提醒家长，在你每次把手机和平板电脑交给孩子时，有没有想一想这三件事：

（1）是否与孩子约定了玩的时间？

（2）有没有了解孩子可能玩的内容？

（3）有没有想陪他一起玩，并和他交流、分享使用体验？

当家长问我，孩子老是看手机、玩游戏上瘾，怎么说孩子都不听，该怎么办时，我会反问家长几个问题：

（1）你觉得孩子玩时间太长了，那你觉得玩多久不算长呢？是半小时，还是一个小时？你之前有跟孩子约定过吗？如果你不让孩子玩电脑、上网，你有没有给孩子安排你觉得更有意义，孩子也乐意参加的家庭休闲娱乐活动呢，比如讲故事、亲子阅读、户外运动、参观博物馆？

（2）你觉得孩子因为上网耽误学习，影响成绩，那反过来，孩子不上网，天天做功课，成绩就一定能提高吗？有没有和孩子研究一下，如何提高学习效率，改进学习方法，而不是一味地拼时间、拼做题。你身边有没有既游戏玩得好，兴趣广泛，又学习成绩好的孩子？想想他们是怎么做到的。

（3）你觉得孩子上网是浪费时间，那你知道孩子上网具体在干什么吗？是看新闻、听音乐、打游戏吗？他爱玩什么游戏，这游戏你玩过没，有没有益智的成分或内容，还是有什么你认为的不良内容？你觉得只有学习对孩子成长有用吗？看好的影片、听好的歌曲，对孩子成长没有帮助吗？你回忆下，小时候有没有因为看过一部片子，而喜欢上什么，被什么感动了，并对你后来的成长很有帮助的？

（4）你觉得孩子在家爱玩手机、电脑，你自己呢？你有没有在家里当着孩子面长时间玩手机，你有没有让孩子觉得，爸爸妈妈其实很喜欢玩手机。我就记得一个三年级的小学生和我讲："阿波老师，我爸爸老说网上有很多，乱七八糟的东西，会毒害小朋友，但我看他怎么天天那么高兴地拿着手机吸毒啊。"

（5）你让孩子不玩，他老不听你的，但孩子玩之前你有没有跟他约定时间？如果他不遵守约定，有没有提出制定并告知孩子相应的惩罚措施？每次孩子违反了规则，你是进行了之前约定好的惩罚措施，还只是抱怨几句了事？平时有没有教孩子如何规划自己的学习和娱乐时间，有没有养成时间管理的好习惯？

（6）为什么孩子老爱玩手机、打游戏，不爱和你玩？孩子以前主动找你玩的时候，你有没有因为说自己没时间，或觉得很烦，随手拿出手机或平板电脑来塞给孩子说，你自己去玩吧？你和孩子之间的关系为什么没有屏幕和孩子之间的关系好？你从自己与孩子的态度、相处时间、教育方法上找找原因。

面对这些问题，不同教育理念的家长有不同的处理方法。因此在我近年来进行的“媒介与儿童”调研访谈中，我都会问家长这样一个问题，以研究目前家庭中的教养方式和儿童媒介素养状况之间的关系：

我们的问题是：“当你的孩子过来找你要手机或平板电脑玩时，你会怎样处理？”在大量的受访家长中，得到了三种典型的答案：

（1）我一般不给他玩平板电脑，怕他一玩游戏就控制不了自己；

（2）只要做好作业，就给他玩啦；

（3）要问问他玩多长时间，事先定了，到时间收回。

这三种类型其实正代表目前家庭教育中典型的三种教养方式：控制型、放纵（或忽视）型、约定型。

（1）控制型家长，在国外还有一个称呼叫“直升机父母”，很形象，父母像直升机一样在孩子上空盘旋，时刻监控敌情。

（2）放纵型（忽视型）家长：走到另一个极端，将教育外包，一部分还是忙事业的“精英”，他们认为只要找到最好的学校，或者更确切地说是最贵的学校给孩子，再请最好的保姆、去最好的补习机构……

（3）约定型家长，也可称是威权型的家长，他们掌握着家庭教育的主导权，同时又尊重孩子需求，视孩子成长的不同阶段，给孩子相应的自主权。

在“儿童和媒介”的课题研究中，我们对比了这三种类型家长的孩子的媒介素养状况，我们发现，约定型家长的孩子网络使用的安全、健康、文明素质明显高过另外两个类型。

中国家长和孩子最爱说的口头禅是“听话”。听谁的话？当然是听家长的话。特别有些当妈的，事无巨细，都要过问，要监管。我看过一个《孩子希望什么样的教育》的访谈片，问了几个小学生：“你最希望父母做什么？”结果，他们竟异口同声地说：“希望我妈少唠叨。”

我常带孩子去夏令营，我发现一些据说在家里很守规则的孩子，一旦离开父母的视线，就像变了一个人。这里一个很重要的原因是，我们的家长只注意让孩子遵守规矩，而没有学会让孩子自己做决定并自我管理。当孩子与自己的想法发生冲突时，控制型家长视冲突为要消除的毒瘤，约定型家长却将其视为解决问题的良机。因此，要解决成瘾问题，一个很重要的方法是我们要尽早和孩子约定，让孩子学会约定，懂得自律。约定的目标不是“变相”让孩子听话，而是家长首先要关注孩子需求什么。然后，约定的最终目的，是孩子要理智地做出判断，并为自己的行为负责。请父母们记住，教育的效果体现在你转身离开孩子之后。

◎ 家长该如何与孩子约定：“约定三步法”

第一步：约定发起

和孩子约定前最好在家里开个小小的家庭会议，因为现在孩子的教育问题很多是出在父母之间或父母与老人之间的意见不统一，孩子当然就“有机可乘”。一旦家长下决心要跟孩子约定什么，首先要把这些内容想清楚，夫妻双方沟通好，家里有老人的要和老人沟通好，大家形成“统一战线”。

约定最好有三方参与：发起人、响应人和见证人。这个见证人很重要，在家里妈妈和孩子约定，爸爸可以作为见证人，或请孩子在家里比较亲近的家人做见证人。两方约定，有时意见谈不拢就不欢而散，这时有个第三方可以出来调解、缓和关系。在执行过程中遇到一些争执，见证人出来说话，大家容易信服。这就像公证员的角色一样。

和孩子约定时，一定要保持平等协商的关系，就像签合同，双方是自愿平等的，不是签“不平等条约”。家长有义务充分说明约定的目标和缘由，也要孩子充分发表意见，允许“讨价还价”。只有这种基于人格尊重和平等协商之上的约定才能更好地激发孩子自我思考、自我管理的能力。

约定内容一般是一个目标，或是家长希望孩子养成的一个好习惯。这些都要根据孩子的实际情况来定，一开始不要太难太高，只要孩子“跳一跳”就可以实现。大目标可以分解成一段段的小目标，分阶段实现。在制定具体约定条款时，要简明、具体、可操作、奖罚分明，还要预留一定的弹性空间。约定的期限也不要太长，从一周、一个月开始，慢慢到一个学期、一年。

约定的时机最好选择在放假或新学期开学前，以便统筹一个假期或一个学期的学习和生活计划。约定要在孩子心情好的时候，特别不要选在孩子犯了错后，你急着让孩子改正什么错误的时候。

第二步：执行约定

约定制定好了，最好有个小小仪式。比如写出来或打印出来，贴在家里显眼的地方。执行约定的过程中，最重要的是家长不要整天念叨，这样令孩子心烦，最后不想执行这个约定。家长只要按阶段提醒下孩子就可以了。

家长要在约定过程中，仔细观察孩子的情绪和心理变化，有个小小的进步就大大地鼓励，表扬要具体到位。如果发现孩子在执行过程中遇到了什么困难，可主动询问孩子要不要帮忙。总之，在执行约定的过程中，家长的角色不是监工，而是帮助孩子一起实现约定的帮助者、鼓劲人。

第三步：完成约定

约定期限到了，最重要的是执行约定中的奖罚条款。这个是没有什么情面可以讲的，约定顺利完成要兑现承诺，好好奖励；约定没有完成，就要按之前商定的处罚进行。

执行完惩罚后，约定还没有完。这时，家长可以和孩子一起坐下来，好好回顾分析一下约定的整个过程。完成了，好在哪里，中间克服了哪些困难才得以实现目标，这里面有哪些精神需要我们继续发扬；约定目标没有实现，问题出现在哪里，下一步如何做得更好。

在这次约定的基础上，和孩子一起进行新的约定。

上面讲了约定的一般步骤，在实际操作中，我们还要根据不同的年龄段，按孩子从小到大，分五种不同的方式来实施。

和孩子约定的形式有五种：第一，你决定规则，同时你要清楚地解释这个规则，让孩子遵守；第二，你拿出方案，征求孩子意见；第三，你确定目标，和孩子一起商定方案；第四，你让孩子发起约定，你参与讨论；第五，让孩子自主决定。

以我们之前讲的两个阶段为界，小学中年级之前的孩子适合采用前三种方法；小学中年级之后的孩子可以采取后两种方法。就这样一步一步循序渐进，从“他定”，通过“约定”达到“自定”。

不过，约定效果好不好，除了按上面说的方法要正确，还有一个很重要的前提是家长平时在家里要是一个有威信的家长。只有孩子从心底里信服你，他才会模仿和遵照你说的话，一切所谓的教育方法才能发挥作用。

举个最好的例子，美国大片《星际穿越》主角库珀和他的女儿。库珀是美国国家航空航天局的一名前优秀宇航员，后来转业做了农民。妻子去世后，他和岳父以及一对儿女生活在一个农场里。当时人类和地球正面临资源枯竭，库珀心系太空，他和科学家们一起要为人类寻找新的家园。库珀的宝贝女儿墨菲是爸爸的“小跟班”，她从小像爸爸一样热爱大自然，喜欢探索。老爸离开地球时，承诺一定会回来，并且一定会拯救地球。女儿虽然伤心欲绝，却一直相信爸爸的承诺。库珀也是一个说话算话的好父亲，天上一日，地上千年。为了坚守对女儿的承诺，他不惜与同伴争斗，并且牺牲未完成的任务。虽然女儿因为一度认为爸爸欺骗了她，伤心地拒绝和老爸视频通话，但她的内心依然认为，她最亲爱的爸爸不会放弃她。正是凭着这样的坚守，她也成为一名科学家，而且靠着心灵的感应和与父亲从小对应的“手表暗号”，与处于四维空间的父亲完成了信息的交流，拯救了人类。

“我会回来的。”父女就是凭着这样的信赖，彼此坚守着相互约定。在我看来，库珀是一个好爸爸。在影片里，他的许诺不仅拯救了女儿，也拯救了人类。在家庭教育中，亲子关系中最重要的就是这种无条件的信赖，以及基于这种信赖之上的约定。

当然这种信赖还要基于父母自身的言行表率。要做好约定，家长首先做好榜样。如果说孩子就是家长的复制品，那么你希望孩子成为什么样子，你也首先要成为那个样子。你做对了，孩子才能做对。我们和孩子约定，首先我们要做最好的自己。

永远记住，孩子不仅在听你说，更时刻在看你做。因为在家庭教育中，永远是身教大于言传。今天，你更要给孩子做有力的榜样。因为你不做，孩子在屏幕中就会找到更多的榜样。

从更长远的人生历程来看，这种儿时的约定也是为了有一天更加自立和自律。我们的孩子终究有一天要长大成人，为人父母。他们也将会继承这样的约定，一代一代传承下去。就像火箭把卫星送入轨道，之前结合得越紧密，越能够一体化地按照设计好的规程推进，下一步才能更安全顺利地进入预定轨道分离。早些与孩子约定，让他们握着你的手，坚定自信地成长，让他们走出家门后，过有意义、有乐趣的人生。

3．关注亲子关系和媒介关系问题

今天的电子屏幕就像是父母和孩子之间的“第三者”，当我们都越来越依赖媒介、沉迷屏幕之时，本来是方便人类沟通的媒介却正一步步演变成为我们家庭中一道无形的墙。今天的电子媒介已经严重影响正常的亲子关系，瓦解传统家庭的凝聚力和向心力。现在，到我们有必要思考一下家长、孩子和媒介之间的关系的时候了。

◎ 被手机抓走的家人

美国著名科技预言家凯文·凯利回忆起电视对自己的影响时说：“电视机有着不同寻常的力量，能够在特定时间，几个小时内吸引我们。”他的儿童时代是20世纪五六十年代的美国，有点像我们中国大陆的七八十年代。与电视相比，今天的智能手机和平板电脑对孩子们简直是有一种魔力，只要拿起，几秒钟就被这小屏幕吸住并定格。

“我儿子见了手机，比见我亲。”

“给我儿子一部手机，他就像中了定身法一样，立马一声不吭，再也不会理你了。”

“上个周末，我女儿竟然跟我说，你把平板电脑给我就好了，你忙你的去，别再烦我。”

…………

不少父母开始投诉手机正从他们手中夺走孩子。手机，成了不少家庭父母与孩子亲密关系的“第三者”。不过，奇怪的是当家长们抱怨孩子迷恋玩手机时，对自己当着孩子面玩手机却心安理得。有一些家长还十分乐意让手机“看管自己的孩子”。

乔布斯当年发明苹果手机、电脑时一定没想到，他除了发明有史以来最受欢迎的电子产品，同时还发明了最受婴幼儿喜欢的电子“安抚工具”。一些年轻的爸爸妈妈告诉我，他们两三岁的孩子，哭闹时怎么哄都不停，但是大人把手里的手机或平板电脑塞过去时，他们就立即停止哭闹。这效果简直堪比“安抚奶嘴”。

于是，在我们身边你会发现一些年轻的家长开始有意地将智能手机和平板电脑给孩子玩，主要目的不是让孩子看什么、玩什么，而仅仅是为了孩子能不再缠着自己。

我把这种现象叫作数字时代家庭教养中的“电子保姆”现象。这种有意放纵孩子玩手机、平板电脑，自己图省事、贪方便的家长，更加助长了孩子对电子产品上瘾。等到孩子天天迷恋手机，影响健康、耽误功课时，悔之晚矣。

其实在孩子心目中，手机更是阻隔在他们与父母亲密关系之间的“第三者”。

网络上有一组名字叫《被手机抓走的粑粑麻麻》的漫画讲述的是 一个天真的小女孩有个问题一直想不通：手机这个东西有什么魔法吗？难道比自己的宝贝还重要？它又不漂亮，又不能变棒棒糖，可为什么爸爸妈妈都爱它？妈妈走路时看着它，吃饭时看着它，就连睡觉前也看着她。我叫她等我也听不见，叫她睡前讲故事她也不理我，想不通……

这是网上一个虚构的漫画故事，另一个真实的新闻报道上写道："我以后不想和爸爸玩了，他和我在一起的时候总玩手机。"

一项调查数据显示，近七成父母在陪孩子时玩手机。

目前我们父母、孩子和媒介之间的关系图是什么样子的呢？我们来看下面两张图。

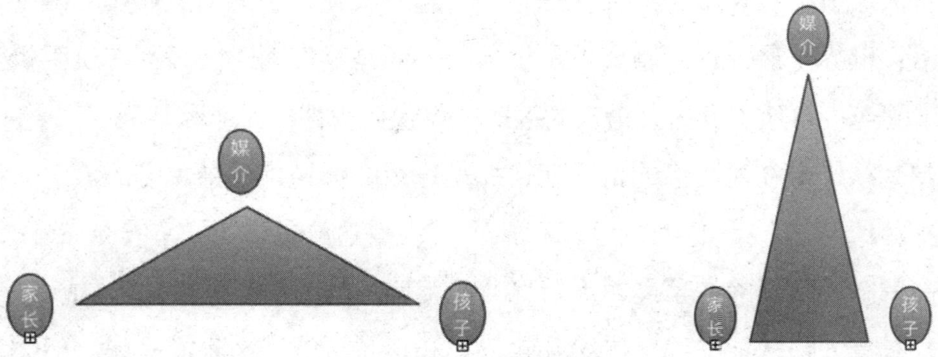

一张图，家长和孩子离得很远，他们各自离媒介都很近，这就像目前我们很多家庭的现状，虽然人在一起，但都在玩手机，大家在一个屋里面对面，却是"生和死一样远的距离"。

另外一张图，家长和孩子的距离，相对他们各自和媒介的距离要亲近。显然，我们倡导后一种关系，亲子间的距离小于他们和媒介的距离，亲子关系的亲密度大于他们和媒介关系的亲密度。只有我们在儿时建立起这样的关系，我们才能有效地防止媒介可能对儿童带来的伤害，也才能实施真正有影响力的教育。

为此，在我们越来越依赖媒介，而不是彼此的今天的状况下，我们呼吁，父母要向媒介收回教育的主权，父母要和孩子重新连接。

◎ 与孩子重新连接

在人们越来越依赖科技产品，在新媒介产品全面"侵入"家庭生活的今天的状况下，我们有必要反思一下家庭教育的基本任务。在家庭教育指南、速成方法满天飞的时代，让我们回归亲子关系的起点：首先与孩子重新连接。

经常有家长说："我也读过很多教育理论，看了许多教育名家的方法，可是为什么一用到我的孩子身上就没用，就失灵？是不是我的孩子心理有什么问题？"我觉得，教育没有包治百病的速效药。教育是一门科学，但在实践上更像是一门艺术。因为教育面对的是活生生的人，一个有个性、有思想，时时变动的人。有时不是你懂的理论不对、方法不对，而是你和孩子的关系不好，你和孩子还没有真正连接。

有人会说，我和孩子天天在一起，一起吃饭睡觉，怎么没连接？网上曾有句流行语：世界上最遥远的距离不是生与死，而是我们面对面却都在玩手机。父母和孩子的连接，除了身体、语言的接触，更包括精神的交流和共鸣。

想想孩子最初对母亲的依恋吧，那是母亲的怀抱，母亲关爱的表情、神态，还有身体的味道。你的生命里，和孩子有没有这样的画面：孩子依偎在你的怀里，在一个万籁俱静的早晨，听着鸟儿的鸣叫，听着微风吹动树叶的声音，坐在地上，看着太阳从地平线上冉冉升起。你和孩子可能什么也没有说，但你觉得孩子的心和你在一起，一起感受大自然和生命的力量。这一刻，你可能忘记了你是一个父亲或母亲，你只感受到，你正参与一个新生命的成长过程之中，你也像孩子一样，忘记了现实的烦恼与喧嚣，真切地感受当下、享受生命。

我觉得在科技无所不在的今天，父母在孩子幼小时，亲子间最原生态的连接，永远是最有力量的、最人性的连接。如果孩子从小缺少这样的连接，他的安全感、幸福感，以致长大后的自信心、抗逆力，都会大打折扣。

这样的亲子连接，这样的情感交流，只有父母亲自去做，不能外包给学校、老师、保姆、手机……当亲情因屏幕而阻隔，一切美好的教育梦想都因此落空。当我们的父母抱怨现在的孩子越来越不爱和家长说心里话时，我们有没有反思过自己在亲子关系中应承担的主要责任？现在到大喊拒绝"教育外包"，向手机收回教育主权的时候了。

其实对大部分年轻的家长来说，可能还没意识到，自己作为父母，真正掌握教育主权的时间其实是很有限的。亲子关系的黄金期有时像食物的保鲜期一样，是有期限的。很多父母说，孩子读初中后，突然像变了一个人。其实不是孩子变了，而是你还没有变，你还想用已超出有效期的方法对待孩子。同时，这也是验收你在有效期内的教育方法、教育理念的时候了。在有效期内，你有没有和孩子真正连接好，建立起彼此信赖、包容的关系。如果你在有效期内没有掌握教育的主导权，没有在亲子“感情账户”里存储足够的资本，那么有效期后，你就要付出成倍或几倍的时间和精力去挽回。

不要等岁月匆匆，孩子长大，蓦然回首，我们只是满怀遗憾地感叹：时间都去哪儿了？要把生命花费在有意义的事情上，我觉得在孩子成长最重要的时刻，与孩子在一起体验成长，就是最有意义的事。

◎ 建立新型的亲子关系

在与孩子建立有效陪伴基础上的亲密关系之后，我们还要进一步思考，在不能做知识权威的新媒介时代，我们如何与孩子建立起一种更符合“苹果世代”儿童身心特征和适应未来时代要求的新型亲子关系。

通过这样的新型关系，改变传统的教育模式，进一步在尊重儿童的基础上，解放和发展儿童。当然这些关系涉及父母角色的转变，我们用一些关键词来描述：

（1）向导而不是权威

在以前，孩子问家长一个问题，也许家长随便一答，在孩子半信半疑之际，就能“忽悠”过去了。但现在，如果家长随便“忽悠”孩子，孩子上网一查，马上就会质疑家长的答案。长久下来，不但父母的权威性受到质疑，父母对于孩子的教育难度也会越来越大。

由于新媒介的发展和孩子超强的学习能力，家长越来越无法扮演传统时代的知识权威角色。父母应该改变观念，理解和适应这种平等，我们要做孩子在知识宝库中学习的向导，而不是“无所不知”的权威。我们要加强自身在各方面的学习，提高自身素质，还应更多地从孩子的角度了解孩子所看到的，了解孩子对媒介的看法，体会和理解孩子对媒介的需求。

新媒介把一座无限知识的宝库摆在孩子面前，我们要做的是，引导他们成为这座宝库的探索者和真正的主人。我们不要惧怕孩子成为自己的老师，不要害怕在孩子面前承认自己的不足。牵着孩子的手，一起走进知识的海洋去遨游探索，你会发现你赢得了孩子更多的信赖和期待。

（2）约定而不是控制

新媒介的发展让孩子开始摆脱大人控制信息渠道的局面。在印刷时代，我们用编好的教科书把想给孩子的知识灌输给他们；在电视时代，我们用摇控器帮孩子选台；在电脑时代，我们用网线和上网账号控制孩子的上网时间。但是在移动互联网的时代，空气中无处不在的Wi-Fi，四周各种电子设备的屏幕，让孩子在网络世界中更加自由，也更加失控。

失控的时代，就要放弃控制的方法，尽早和孩子采用约定的方式，和孩子一起“拉钩钩”。约定让孩子从他律走向自律，约定让孩子尽早思考如何为自己的决定负责。

未来数字时代的公民正从约定的家庭走出，在技术赋权的新时代，我们没有任何理由再把孩子当作自己的私有物去控制，包括用爱的名义。

（3）牵手而不是操控

新媒介的发展让孩子越来越早地了解大人的世界。孩子越来越早地了解社会，越来越早地“成人化”，正使他们面临着“消逝的童年”。今天的父母，越来越难管控孩子的想法，操纵孩子的生活。因此，面对这些“小大人”们，父母更多的应该是牵手而不是操控，是沟通而不是监控。

新时代孩子的特性是反专制和反权威，所以家长要尊重孩子的兴趣和选择，尊重他们的潮流文化。教育的目的，不是让孩子成为时刻听话的“乖”孩子，而是让他们成为人格健全，可以为自己、他人和社会负责的独立的人。新媒介加速了儿童社会化的过程，而父母要做的是，比以前更早地放手，更早陪伴、引导他们接触社会、认识社会，学会独立思考，积极面对社会和人生的各种能力。

我们看过木偶戏，老艺人用密密麻麻的线绳操纵木偶活灵活现地表演，可是只要老艺人一松手，木偶就像散了架一样瘫倒在地。

我们再看看放风筝的老人，他们手里只有一根线，虽然风筝可以飞得很高很远，但是从未脱离老人的手掌。

今天我们对孩子的方式，要更多地学习放风筝的老人，我们实行目标管理，而不是过程管理，我们要抓大放小，抓住孩子成长的关键点牵引，孩子才可以更好地发展。

（4）分享而不是灌输

QQ、微博、微信和网络游戏，从小让“苹果世代”们学会了与人分享、合作，喜爱自我展示、表达。面对这些可能在某些方面比我们知道得还多的孩子，父母应该放弃以前灌输、讲大道理的教育方式。

我小时候听广播最喜欢听的就是孙敬修爷爷讲《西游记》的故事。今天的孩子们晚上睡前也最爱听爸爸妈妈讲故事。讲故事更多的是平等地分享、亲密地交流。

在今天这个信息爆炸的时代，我们要从小与孩子用讲故事的方式交流分享。给孩子灌输多少知识，死记硬背多少概念，已经远远无法适应这个科技一日千里的发展时代。今天的教育，更多的不是让孩子获取多少知识，而是让孩子从小获得主动学习、与人分享的能力。

平时除了和孩子聊天，父母也可以尝试通过QQ、微博、微信等工具和他们交流，或者可以和孩子一起玩游戏，一起研究益智游戏的攻略。对于孩子提出的问题，父母多和孩子一起看、一起读、一起讨论，以一种坦诚、开放的态度去和孩子讨论，这样也可以锻炼孩子的独立判断能力。

分享是与孩子一起成长的过程。这样的过程正开启孩子开发自身潜能的大门。

第四节　培养四种能力

21世纪初，世界经济合作与发展组织（OECD）率先提出了“核心素养”的结构模型。它要解决的问题是，21世纪培养的学生应该具备哪些最核心的知识、能力和情感态度，才能成功地融入未来社会，才能在满足个人自我实现的同时推动社会的发展。

以前我们让孩子学习最重要的目的，就是要获取更多的知识。但是当人类进入信息时代、知识社会后，信息爆炸，新知识层出不穷，而且不断更新。于是人们发现，信息、知识会更新、会过时，能力却可以让孩子受益终生。

因此，近年来世界各国都非常重视“核心素养”的教育改革，通过各种实践探索，将以个人发展和终身学习为主体的核心素养教育模式，取代传统的以学科知识为核心的教学模式。2015年3月，我国《教育部关于全面深化课程改革落实立德树人根本任务的意见》中也正式提出了将核心素养作为教育改革的新方向。

新媒介时代的家庭教育也应该重视“核心素养”的培养，将家庭教育的重点从“日常生活习惯培养”和“学业课外辅导”提升到“培养孩子应该具备的适应终身发展和社会需要的核心能力”上来。

新媒介时代，孩子应该具备哪些能力呢？在我们“儿童和媒介”的课题研究中，我们倡导家长在日常家庭生活中，培养奠定孩子一生发展的四种核心能力。

这四种核心能力是什么呢？我们用司机驾驶汽车来做比喻。

今天的“苹果世代”一出生就站在由移动互联网铺就的信息高速公路上，每个孩子都配备了一台由智能手机和平板电脑组装的“自媒体”跑车。可是，我们的孩子能成为一名合格的数字时代驾驶员吗？他们应该具备哪些基本技能，才能拿到数字时代的通行证呢？

我们在课题研究中提出四种基本能力：专注力、自控力、判断力和交往力。

如果你是一个驾驶员，这四种能力就操控在你自己的手脚上。

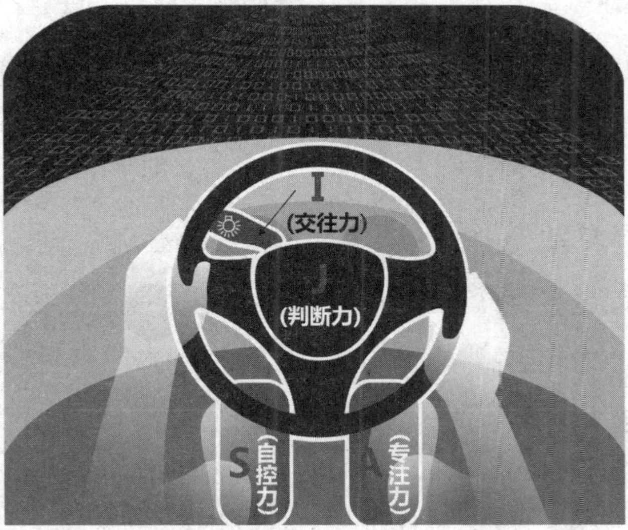

脚下左边一个刹车，右边一个油门。手上，有转向灯和方向盘。（如上图）

（1）专注力好比是踩油门。一辆汽车跑得快，要加油；提速快，整个动力系统要好。一个人事业成功，学业进步，专注力是必备的要素，为了达到目标，要不懈地坚持，富有成效地努力。

（2）自控力好比是踩刹车。一辆汽车跑得稳，除了动力系统好，还必须刹车系统好，也就是安全制动系统好。一个人的成长会受到太多的诱惑和干扰，能不能控制好自己的情绪、行为和欲望，是人生幸福的关键。汽车动力系统好的前提必须是刹车系统好，否则动力越大就越有翻车出车祸的危险。

（3）判断力好比是手握方向盘。在人生的长途中，方向比速度更重要。我们面对多元化的信息，面对各种潮流文化的影响，如果不能独立思考，就可能迷失自己，甚至偏航翻车。

（4）交往力就是打转向灯。在道路上，要保证自己不与其他车辆发生碰撞，就要遵守交通规则，掌握与其他司机无声交流的信号。这些信号标识系统，就是交往力。你要与别人交往就要懂得礼让，按一定的社会规范，学会如何与人协作。

有了动力系统、制动系统、方向系统和信号系统，就可以保证一辆车高速、安全地行驶。一名司机如果能熟练地掌握这四大系统，就可以成为一名合格的司机。

对一个人来说，专注力和自控力是对内的，是要完善一个人自我的情绪管理、身心协调、意志品质的培养；交往力和判断力是对外的，是对人对事，对社会对信息的有效连接与互动。这四种能力相互关联，协调统一，构成一个完善人格基础之上的“社会人”。

不过我们可以看到，新媒介的发展正严重威胁着人的这四种能力的发展。

电子设备越来越多，屏幕无处不在，孩子从小受到太多的刺激、干扰，我们越来越依赖媒介，无法掌控自己的生活节律。在这个超链接、多任务处理的网络世界里，我们越来越容易“分心”，很难专注地做一件事。我们越来越懒得和人打交道，我们只想宅在家里，动动指尖，对屏幕发号施令。信息爆炸带来的价值多元、文化潮流多样，并上良莠不齐、泥沙俱下。我们的孩子如何能在其中保持独立思考，懂得辨别信息，控制自己的情绪、欲望和行动，保持正确的人生航向？这些都对儿童自控力、专注力、判断力和交往力提出了更高的要求。

我们在家庭的日常生活中，就要从小培养孩子的专注力、自控力、判断力和交往力，奠定孩子一生幸福发展，并为他们适应未来时代发展打下坚实的基础。

第五节 善用媒介五种功能

我们前面讲了，媒介无罪，我们要趋利避害。我们平时在家里要及时运用新媒介的各种功能，使之成为孩子学习的好帮手、生活的好助手、益智的好玩具、沟通的新渠道、表达自我和参与社会的好方式，成为教育孩子的新工具。

中国有句老话：自古英雄出少年。随着时代的发展，越来越多的青少年创造了让大人也惊叹的科技产品。第三次工业革命已经到来，第二次机器革命也已来临。中国正从制造时代进入创造时代。拥抱新媒介、新科技，我们的家庭新媒介教育，正在为中国创造培养小创客。

我们先来看看现实生活中的这些媒介小达人吧。

◎ 18 岁少年开发游戏被保送清华

在2012年的全国第十二届"明天小小科学家"竞赛中，中学生李德炜用一台电脑将几台智能手机连起来，完成了以前需要超级计算机才能完成的复杂计算。凭借这一项"基于HTML5的智能终端并行计算架构"的研究项目，李德炜不仅获得了4 万元奖学金，还获得了清华大学的保送资格。

这年李德炜刚满18岁，就读于重庆巴蜀中学。与其他人不同，李德炜父母很支持孩子玩游戏。李德炜的父亲在后勤工程学院计算机专业任教，在父亲的熏陶下，李德炜很小的时候就开始接触电脑。父母对他玩游戏从来很宽容，有时还会跟他一起玩。"不过一般只玩几十分钟，渐渐地，我自己也养成了习惯，每天最多玩一两个小时游戏。"李德炜说。

◎ 昔日网瘾少年变微软冠军

陈星是武汉职业技术学院网络安全专业大二学生。早前，尚在读职高的陈星，参加了“信息化核心技能世界大赛中国区总决赛暨微软办公软件世界大赛中国区选拔赛”的选拔，成功跻身十人组成的“国家队”，到美国加州参加总决赛。他以最高准确率和最快速度获得“Excel 2010”这一项目组的世界冠军，取得了历年中国选手在本项赛事上的最好成绩。

然而，谁也没有想到这位微软冠军当年居然是一名网瘾少年。为了玩游戏，他宁愿不吃早饭，省钱来玩游戏。高中后，在老师的引导和鼓励下，他开始深入钻研计算机技术。为激励陈星，老师允许他在完成课堂任务后，用电脑玩网络游戏，并任命他为计算机组组长。从此，每次计算机作业，陈星几乎都是第一个完成，他还在课堂时间指导其他同学。而他玩网络游戏的时间则逐渐减少，逐渐从“网游迷”变成“技术控”。他在当年湖北大学生年度人物评选中，获得“年度大学生创新人物”称号。得知学校有此宝，计算机技术与软件工程学院院长请陈星为全院老师上课。

◎ 9 岁印度男孩成最年轻微软专家

一个9岁的印度小男孩Pranav Kalyan通过了微软认证技术专业考试，成为最年轻的微软技术专家。Pranav出生在印度，现居住在美国加州。据他的父亲介绍，Pranav从2岁起就对计算机表现出浓厚兴趣，作为一个小孩子，Pranav对计算机的兴趣远远超过了玩具，他从6岁就开始自己编写一些小的软件，并且能使用微积分来解决问题，在数学方面的天赋对他的编程起到了很大帮助。在家人的支持下，Pranav花费了18个月的时间来准备微软认证技术专业考试，并最终通过了考试。小Pranav说，他长大后想成为一名科学家。为了实现这个梦想，在假期，他每天花费8个小时进行计算机编程。虽然这对于很多人来说是很痛苦的事情，但是对于小Pranav却是一种不折不扣的享受。

◎ 12 岁的手机软件开发者

美国加州南湾中学的一名国小六年级学生汤马士·苏亚雷兹（Thomas Suarez），从幼儿园开始就不断接触科技产品，有别于都在狂追迪士尼的同龄学生，苏亚雷兹这时已设计出多种iOS作业系统的APP，且成立公司，并于2012年获得Tribeca Disruptive创新奖。苏亚雷兹开发的游戏中比较著名的是Earth Fortune和 Bustin Jieber（类似于“打地鼠”的游戏）。游戏让用户变成“乱作一团贾斯汀·比伯”，可以移动到屏幕上的每一个不同的位置。这个游戏允许多个玩家一起玩，还可以通过语音聊天，大家一起讨论。

◎ 13 岁神童：开发导弹预警APP

13岁的时候你在干什么呢？和伙伴一起天天玩电脑游戏？一位13岁的以色列少年Liron-Bar想出了一种APP，命名“RED COLOR”，它的功能非常强大，当加沙地带向以色列南部发射导弹的时候将会给你的手机推送警报。之前军方的预警系统延迟时间在15～50秒以内，而这款APP可以实时地给你的手机推送导弹发射预警。APP应用程序开发人员Kobi snir协助Liron-Bar开发了这个应用程序，而且免费发布。目前该应用程序已被下载超过13万次。

以上介绍的都是国内外一些善用新媒介技术，培养科技达人的例子。在教育中善用媒介，迎接时代变革，我们对“苹果世代”充满期待。

下面结合目前新媒介的日常应用，我为家长们介绍善用媒介的五大功能。

1. 学习功能

孩子的学习是父母最重视的，为儿童开发各种功能的学习工具也是许多商家的研发重点，从以前的复读机、学习机、点读机到现在的平板电脑、各种APP、在线教育平台等，学习工具层出不穷。数字时代，媒介给孩子创造了更多学习的机会，崭新的学习平台和新颖的学习方式，若运用得当，能更好地激发孩子的学习兴趣，促进孩子的学习。为此，我们的课题访问了一些家长，一起来看看他们是如何利用媒介帮助孩子学习的吧。（文中人名均为化名）

◎ **善用电子书，阅读更轻松**

看书对孩子的成长有益，因此聪聪妈从小就会有意识地培养聪聪看书的习惯。随着年龄的增长，聪聪识字越来越多，看的书也越来越厚。有时一家人去郊游，聪聪也喜欢随身带上一本书，闲暇时看看，但是书本重，携带也不方便。为了支持儿子的爱好，同时减轻儿子的负担，聪聪爸给他买了个电子书阅读器。他会先和聪聪商量好看什么书，然后帮聪聪下载到阅读器里，这样聪聪的阅读就更加方便了，阅读量也大有提升。有时聪聪也喜欢看一些漫画和校园青春小说，聪聪妈认为，不应该阻止他阅读这类书，但要求他一个月只能看一部纯娱乐性的书。现在聪聪去到哪里都会带着阅读器，并经常利用空闲时间进行阅读，看书的兴趣也越来越浓厚，阅读的范围也越来越广，积累了很多课外知识，每次写作文都能得到老师的夸奖。不过聪聪的视力也因此受到了一定影响，现在聪聪妈会经常提醒他看书一段时间后，就要做眼保健操和适当地远眺等，给眼睛足够的休息。

◎ **屏幕上的益智内容开拓视野**

以前家长要防着孩子沉迷于看电视，现在很多孩子又对电脑、手机上了瘾。聪聪今年上小学六年级了，使用电脑的技术也越来越熟练。他发现网络世界里有许多有趣的东西，比如可以查阅资料，可以玩游戏，可以跟朋友聊天。当然，聪聪最热衷的是可以在网上看各种各样的视频，不受时间空间限制。每天做完作业，聪聪就喜欢打开电脑看动漫，有时看得入迷，连妈妈叫他吃饭都没反应。妈妈怕聪聪看太多动漫会影响生活和学习，但又担心阻止会引起聪聪的反抗，于是想出了一个好方法：如果聪聪想看一集动漫，那就要看两集对学习和成长有益的视频，如一些介绍历史、人文、地理的科教视频，并且要控制好时间，每次不能超过1小时。这样，聪聪既维持了自己看视频的爱好，又从中学到了很多有用的东西，扩大了自己的视野，增长了知识，遇到不懂的还可以及时请教妈妈。现在他在同学中，可是个小有名气的“智多星”呢。

◎ **巧用软件学拼音**

慧慧今年6岁半，上小学一年级。父母发现慧慧对于拼音会写会读，就是不会把它连在一起拼，这让妈妈非常着急。妈妈尝试在家教她，但她不喜欢学，还发脾气。慧慧认字的能力倒比学拼音强多了，其他各门功课都挺好的，但眼看拼音学得越来越多了，她不会的东西也越来越多。妈妈担心慧慧跟不上其他同学，最后影响总体的成绩。后来，妈妈在老师的介绍下，在电脑上安装了一款学习拼音的软件。这款软件将所有汉语拼音的声母和韵母组织成一个键盘分布图形式，供初学者自由组织拼写和练习，并能让电脑智能朗读出所有由学习者自由组织出来的符合规范的字母组合拼音。因为这个软件，慧慧对学习拼音产生了极大兴趣，不像妈妈教的时候那么抵触了，还愿意主动学习。这个软件从声母和韵母的组合拼写，到单字的拼写，词组、多音字、轻声字的拼写，再到整句的拼写，是一个由浅入深、由易到难的过程，让孩子更容易接受。里面还设置了绕口令、古诗、谜语和故事等丰富内容，这种寓教于乐的方式，让慧慧爱不释手。妈妈允许慧慧可以每天打开软件学习半小时，现在她的拼音能力已经渐渐提高了。有了这次成功经验之后，妈妈会经常在平板电脑上下载一些合适的学习软件给孩子学习。

◎ **善用“百度老师”来帮忙**

聪聪做作业的速度较慢，晚上睡前时间多半花在写作业上，尽管如此，时常还会有一些难题“考倒”他，让他做作业的时间拖得更长。聪聪的父母也很烦恼，虽说两人都是本科学历，但有时孩子作业里有些题目他们也答不上来，于是只能上网求助。聪聪的父母知道手机里有不少搜题、作业帮之类的APP，于是他们利用这些软件把一些“奇难”题目发上网。一些问题聪聪父母刚发出去就有很多热心的网友帮忙解答，通过上网确实解决了不少孩子作业上的难题。除了作业难题，有时老师会布置一些需要上网查资料的作业。这时，聪聪父母就会抽出时间陪孩子一起做功课。不过，他们也很注意，不让孩子养成一遇到不懂的作业就上网寻求帮助的习惯。而是告诉他：只有不得已才求助网络，自己能做到的事情要独立完成，不会做的要多思考，不能依赖网络，更不能完全照搬网络上的答案。求助网络前，要先经过父母同意，并由父母陪同。

2. 娱乐功能

无聊的时候来一盘游戏打发时间；坐车的时候，可以听听手机里的音乐；新下载的游戏，孩子玩得比父母还熟练……新媒介以其强大、新奇、方便的娱乐功能迅速征服了孩子和大人。面对媒介给孩子提供的各种娱乐内容，父母可以和孩子一起体验，利用它们来调节紧张生活，也可以利用它们教给孩子更多的知识。

下面是一些父母的做法，家长不妨参考一下。

◎ 巧用益智游戏激发学习兴趣

最近，老师向聪聪妈反映，聪聪上英语课专注力比较差，经常走神。妈妈知道，聪聪比较好动，平常很难定下心来认真完成一件事情。更重要的是，他对英语缺乏兴趣，就更难静下心来听老师讲课了。怎么帮助聪聪改掉这个坏习惯并提高他对英语的兴趣呢?

聪聪妈从同事那里了解到，有一款很受欢迎的经典游戏叫《连连看》：点击两个相同的图案就能把图案抵消掉。现在有一款模仿这款游戏的《连连看背单词》，能够让孩子在开心娱乐的同时提升对英语的学习兴趣，对学习英语有非常不错的效果。聪聪妈安装了这款软件，并且介绍给聪聪玩，聪聪果然很感兴趣，一边玩还一边跟着读单词呢。也许是游戏比较有趣，聪聪很专注地玩游戏，一点也不像平常那样精神不集中了。聪聪还说："原来英语单词也挺好玩的啊。"现在聪聪特别喜欢记单词，因为认识更多的单词能让他玩游戏玩得更好。

◎ **广泛接触发掘兴趣特长**

慧慧父母想给慧慧报读一些兴趣班，所以决定先让慧慧接触一下各种活动，从中发掘她的兴趣爱好。但怎样让慧慧接触各种不同的兴趣活动且形成一定的认识呢？慧慧爸想到可以利用丰富的网络资源来完成这项工作，先让她体验一下画画、体操、钢琴这三项热门培训课程。慧慧爸了解到现在有一种小游戏叫《用数字弹钢琴》，它是通过点击触屏电脑屏幕上不同的钢琴键，继而发出对应的钢琴键音。慧慧爸将它下载到平板电脑里，让慧慧有空的时候练练。同样有这种功能的还有画画软件，只需一个软件就可以模仿画画的真实场景，让孩子尽情涂鸦，非常方便省事。至于体操，慧慧妈则精心挑选了一些适合孩子的体操教学视频，每个周末早上都会和慧慧一起按照视频教学的内容学习。靠这种方法，慧慧现在已经粗略接触了许多不同的活动。等过一段时间，爸爸妈妈就可以让她选择最喜欢的一项进行“重点培养”了。

◎ 好电影也是好老师

聪聪爸很喜欢和孩子一起去看电影，并在电影中引导孩子。每周末他都会上网找一部高清版的儿童电影，下载放在自家的“家庭影院”里和儿子一起欣赏。和儿子一起探讨电影情节，成了父子之间的一大乐事。聪聪爸认为，电影对孩子的影响很大，有时候甚至会超过一本书。更重要的是，父母和孩子一起看电影，可以在轻松娱乐中，营造爱意浓浓的家庭气氛，使家永远都是那么温馨。聪聪爸会以孩子为中心来判断电影的价值，如适合孩子看的，表现家庭、生命、友谊、理想、青春、诚信、合作、承诺、正义、善良、勇敢、公正等的电影，如《绿野仙踪》《夏洛的网》《导盲犬小Q》《幸福来敲门》。“六一”儿童节，聪聪爸带儿子去看了《辛巴达历险记2013》，这部电影好笑、好看、好玩的剧情深深吸引了孩子。听到爸爸介绍这部电影是改编自世界经典文学名著《一千零一夜》里的一个故事，聪聪便央求爸爸给他买一套完整的《一千零一夜》。聪聪爸立刻陪孩子去书店买了《一千零一夜》，他认为这是孩子的延伸学习，应该鼓励。现在，聪聪爸依然保持着和孩子一起看电影的习惯。有时，电影中会涉及一些暴力和色情的东西，聪聪爸也不会回避，而是就这些问题和孩子一起讨论，帮助孩子分析当中的不良信息，让他懂得判断和选择。

3. 交往功能

“飞鸽传书”“鸿雁传情”虽然充满了韵味和情趣，却再也跟不上时代的步伐了。如今，手机、QQ、微信、微博等，才是时下年轻人沟通最主要的方式。父母也可通过这些新媒介，拉近亲子间的距离，升温亲子感情。

◎ 线上多交流拉近线下关系

聪聪虽然成绩不错，但性格内向，不善言谈，和同学关系并不是特别要好。妈妈担心聪聪不合群，便积极帮助他和同学们进行更多的接触和交流。聪聪平时不会主动和其他同学聊天，同学们觉得他比较冷漠，因此渐渐疏远他。经过了解，妈妈发现，原来聪聪只是不知道要和同学们聊什么，并不是他不想和同学聊天。妈妈知道聪聪在QQ和微博上都有账号，就告诉他：“你不知道和同学聊什么，主要是你平时很少和同学相处，不了解他们。”聪聪说：“在学校里我们总是在上课，下课时间也很短，没什么时间聊天，有些同学离得远，我都没办法了解他们。”

妈妈给聪聪支招说：“你的同学不是经常在QQ和微博上发表心情吗？你也可以去关注他们的动态，经常在上面和他们聊聊天，多多交流，知道他们发生了什么事情，有什么爱好，以后跟他们就有话可说了。”聪聪觉得妈妈的话有道理，便开始注意同学们的QQ和微博状态，还经常和他们在网上互动。有时发现同学心情不好，他就会主动关心同学。渐渐地，同学们和聪聪熟络了，觉得他也是个容易亲近的人，大家都愿意和他交朋友。聪聪也常在网站上记录自己的事情、发表自己的看法，让更多的同学了解他。通过这些网络平台，聪聪和同学们走得更近了。

◎ 小小“唱吧”展示自我

慧慧从小就喜欢唱歌，一听到电视播放音乐，就兴奋得手舞足蹈，整天把儿歌挂在嘴边哼唱。随着年龄的增长，慧慧已经不满足于儿歌了，她现在更喜欢流行歌曲。偶尔会用手机重复播放歌曲，还不厌其烦地跟着唱。慧慧经常幻想：“要是哪天能开个演唱会，让大家都来听我唱歌就好了。”前阵子，爸爸就帮她实现了这个愿望。当然，爸爸并不是真的帮慧慧办了个演唱会，而是在她的手机里安装了一款叫作“唱吧”的软件。

爸爸告诉慧慧，“打开这个软件，找到自己喜欢的歌曲，跟着旋律唱歌，软件就会自动把你的歌声录下来，它还可以将你的声音进行修饰呢。录完你就可以把它分享出去，让更多的人听到你的声音了”。慧慧高兴极了，课余时间，她除了把自己会唱的歌录下来，还在不断学习新歌呢。慧慧唱得很用心，在“唱吧”上有了不少小粉丝。他们会在上面互相分享自己唱的歌，并很认真地给对方提出建议。

◎ **小小手机连接亲情**

由于父母工作调动，今年聪聪开始了寄宿学校的生活。一开始，聪聪非常不习惯，经常嚷嚷着要回家。爸爸妈妈给聪聪买了一部手机，方便保持联系，并在手机里安装了微信、QQ等即时通信软件。妈妈对聪聪说：“虽然你现在住在学校，但爸爸妈妈离你并不远，如果你想我们了，可以随时和我们发微信，我们照样可以天天聊天，爸爸妈妈还是像以前一样关心你。”

这样，聪聪课余时间就通过微信和QQ跟爸爸妈妈聊天，告诉他们自己身边发生的事情，聪聪再也不觉得爸爸妈妈离他很远了。为了让聪聪尽快与其他寄宿同学融洽相处，爸爸妈妈还建议他加其他同学的微信、QQ，鼓励他多交朋友，和其他同学一起分享生活上的事情，这样聪聪的生活圈子大了，就不会老是想着要回家了，遇到事情也不是只想到爸爸妈妈、只和爸爸妈妈分享了。

4. 生活功能

人类一直致力于追求更加便捷、高效、舒适的生活方式，应运而生的新媒介为我们带来了许多全新的生活体验：卫星导航，让我们的出行更加安全，不用再担心迷路。网上购物，让我们只需在电子屏幕上动动手指，就可在家等待心仪的商品送上门……只要合理使用，新媒介可以早早成为孩子生活的好帮手。

◎ 网购：学当精明消费者

今天大表哥来聪聪家里做客，听到聪聪说有一款很想要的机器人模型在超市已经卖光了，就决定帮聪聪实现他的这个愿望。怎么实现呢？没想到大表哥打开了手机，打算上网帮聪聪买模型。聪聪不以为然，大表哥说：“别以为上网买东西很简单，这里面学问多着呢。”聪聪已经小学六年级了，但从来没在网上购物过，于是趁机向表哥学习。大表哥介绍说：“网络交易是利用网络来进行买卖，不过网店不是实体店，所以会比一般面对面的交易有更多风险。”上了淘宝网，聪聪居然真的找到了自己想要的那款模型，他非常兴奋。大表哥却不紧不慢地说：“别急，要先停一停，别冲动下订单。再多看一看，多比较其他类似商品。在进行网上购物时，尽量多找高评价的卖方或平台，确保本身购物与交易的安全。”经过这次网上购物，聪聪对网购有了大概的了解。他决定好好学习一下，这样以后就可以在网上安全地买到自己想要的货品了。

◎ **多了出行好帮手**

暑假里，慧慧一家决定去杭州旅游。为了让慧慧在这次旅行中学到更多的东西，爸爸妈妈交给慧慧一项任务，那就是让慧慧找找当地的特色小吃。慧慧很乐意地接受了这份差事，却不知从何下手。在爸爸的提示下，慧慧了解到网上有很多点评、口碑类的第三方消费点评网站。消费者会在这些网站写出自己体验过的服务并进行点评，作为其他人的参考，非常实用和方便。慧慧知道后不禁感叹：“就算我们之前没有到过杭州，也可以知道那里什么东西好吃，什么地方好玩，真的太方便了！”

慧慧搜索了相关的资料后，认真做了笔记。到了杭州，除了游览杭州的著名景点，慧慧最开心的事就是带爸爸妈妈去她“介绍”的各种小吃店品尝特色美食。有一次，他们走了很久都找不到那家专门卖定胜糕的店，慧慧急了。这时爸爸提醒说：“不怕，我们有导航软件。”果然，在导航软件的指引下，他们终于找到了那家店。慧慧见识了导航软件的魅力，一路上追着向爸爸请教怎么使用。旅行结束后，慧慧整理旅行拍的照片，她想挑一些照片上传到网上。妈妈建议她先使用美图软件美化一下。慧慧认真向妈妈学习了软件的使用方法，发现照片经过处理后确实更好看了，上传的照片得到了许多同学的“赞”。慧慧说，这真是一次意义十足的旅行，让她学到了很多东西。

◎ 善用手机做工作生活助理

聪聪最大的苦恼就是，他总是丢三落四，或者因为一些无关紧要的小事而忘了做重要的事情。爸爸妈妈给聪聪想了个办法。因为聪聪有自己的手机，为了避免他顾着玩忘了完成作业，爸爸妈妈就要求聪聪在手机里设置好闹钟和备忘录。时间一到，闹钟一响，聪聪就知道该开始做作业了，这样就不会没有时间概念，同时又按时完成自己该做的事情。

这个习惯对聪聪帮助很大，他不但变得自律了，逐渐学会了遵照备忘录和闹钟的安排做事，而且变得越来越会计划时间了。现在，手机里的备忘录都是他自己安排的。他给自己安排了合理的学习时间和休息时间，然后自觉遵守。爸爸妈妈都对聪聪的转变感到很欣慰。

5. 表达功能

新媒介给了孩子更多展示自我、表达自我的空间和机会，在微博、QQ空间、论坛上，孩子们可以充分展示自我。家长可以利用这些新媒介培养孩子从小关心社会、发表见解的习惯，并通过这些新媒介与孩子交流。

◎ 让孩子在博客上展示自我

聪聪从小就喜欢看书，对很多童话故事都能如数家珍。妈妈认为，喜欢看书是件好事，如果能将自己看书后的心得或者一些有趣的想法写下来，对孩子的发展更有好处，所以妈妈经常会鼓励聪聪在看书之余写写东西。每当聪聪有一个新想法，或者看见有趣的事情，妈妈都鼓励他用笔表达出来，做一个生活的有心人。

为了给他一个展示自己作品的平台，鼓励他努力创作，妈妈帮儿子开通了博客。从此，聪聪开始了在博客上创作，包括一些清新激扬的短文、日记、诗歌及小说。生活中的事情，如养了小鸡、小兔、小鸟，种了植物，做了家务，去参加徒步爬山，去做小报童卖报纸，聪聪都写下了相关的文章。慢慢地，越写越多，越写越好。聪聪的博客里经常有人留言，给他提出建议。聪聪看到越来越多的人看他写的东西，有的还是陌生人，写作的兴趣就更加浓厚了，把写作当成自己的爱好，停都停不下来。

现在聪聪不仅自己在网站上发表文章，还会认真回复留言评论的人，还认识了一些同样有写作爱好的“文友”。聪聪妈还会挑选他写得不错的文章寄去报社、杂志社投稿，有一篇文章还被刊登了，全家人还一起去庆祝了一番呢。

◎ 鼓励孩子用微博表达见解

聪聪的爸妈都是微博控，每天都要上网刷微博。聪聪今年读小学六年级，父母意识到聪聪有了一定的是非辨别能力，所以也鼓励聪聪开通了微博。当然，爸爸妈妈会事先和聪聪商量好玩微博的时间。有时他们一家人会在微博里互动，一起关注和讨论热门时事，在微博上发表自己的见解。因此，聪聪在理解能力和思考水平上都有了不小的提升。父母会经常留意聪聪的微博动向，了解聪聪的关注范围，若他在微博中遇到了困惑他们便积极引导。聪聪爸还鼓励聪聪经常去评论名人的微博。虽然聪聪的评论还很稚嫩，但爸爸认为，聪聪经常到别人的微博上点评，可以增加他对社会时事的理解，加强评价能力、鉴赏能力，让聪聪更好地融入社会。聪聪爸关注的一些可信度高的博友，如一些媒体记者、官方微博等，也会介绍给聪聪，让聪聪从中获取一些较为可靠的信息和知识。现在，聪聪对于社会上发生的热门事件能侃侃而谈。爸爸也觉得，聪聪从微博中学到了很多东西，但他依然会指导聪聪，防止微博上一些负面消息对聪聪产生影响。有时聪聪妈看到一些适合聪聪看的微博，会转发或收藏给聪聪看。有时候遇到一些羞于表达的事情，聪聪也会通过微博表达。比如，有时他做错了事不好意思当面向妈妈认错，就会在微博上写出来。妈妈看到了，也就气消了。母亲节那天，聪聪在自己的微博上@了妈妈，并送上了节日的祝福，还写上了一些从没跟妈妈透露过的心底的话，妈妈看后感动极了。

第三章 分年龄段的家庭媒介素养教育攻略

儿童处在不断成长变化之中，在不同阶段，其身心发育、媒介接触使用行为状况都会有不同特点。父母只有根据孩子所在发展阶段的特点，采用相应的方式，选择适宜的方法和内容，有针对性地开展媒介素养教育工作，才能做到事半功倍。

根据“儿童和媒介”课题组的研究成果，结合儿童身心发展和媒介使用习惯，我们将家庭媒介素养教育分为四个时期，即0～3岁婴儿期，3～6岁幼儿期，6～8岁童年前期，8～12岁青春期前期。每个时期都有需要特别注意的媒介素养教育内容和方法。我们结合国内外的一些媒介素养教育的方法和我们在少年宫、学校多年的教育实践，制定了适合我国儿童媒介使用情况的分年龄段的家庭媒介素养教育攻略，供广大家长参考。

0～12岁各年龄段儿童媒介健康行为习惯养成要点

年龄	0~3岁（婴儿期）	3~6岁（幼儿期）	6~8岁（童年前期）	8~12岁（青春期前期）
发展特点	1.感知觉和动作能力的快速发展期 2.信任感的建立期 3.自主感的发展期 4.依恋父母 5.语言发展的关键期	1.行为习惯逐渐形成 2.自我认识和自我调节能力逐渐发展 3.语言发展的关键期 4.善于通过观察模仿和游戏进行学习和发展	1.思维的系统和逻辑性逐渐发展 2.逐渐形成较稳定的自我评价 3.开始接受学校正规学习，建立学习兴趣和习惯	1.逐渐开始发展抽象思维 2.逐步进入青春期 3.同伴关系变得重要 4.开始进行自我角色的探索

（续表）

年龄	0~3岁（婴儿期）	3~6岁（幼儿期）	6~8岁（童年前期）	8~12岁（青春期前期）
电子轨迹	1.被动地接受各种信息 2.电子产品成“安抚奶嘴”	1.由“被选择”到“我选择” 2.媒介习惯深受身边人的影响	1.网络成为孩子的“百科全书” 2.同伴关系逐步发展到网上 3.电子游戏成为孩子的最爱	1.玩转社交媒体 2.被虚拟世界的不同角色扮演吸引 3.遇到问题先“百度一下”
潜在危害	1.不利于婴儿学习语言 2.伤害婴儿视力 3.屏幕减缓婴儿学习进程，被动的信息接收不利于儿童发展	1.科幻影视带来现实的疯狂 2.低俗动漫扼杀孩子的天真 3.滥用电子书让亲子阅读变味 4.注意力越来越分散，“电视迷”让身体越来越差	1.不良内容扭曲思想观念 2.存在“电子产品依赖症”的风险	1.防不胜防的网络侵害 2.过度人机交流影响人际交往 3.越来越多孩子成为低头族
教育攻略	1.严格限制孩子接触屏幕的时间 2.建立亲密的亲子关系 3.与孩子回归原始的时光 4.不要在网上晒孩子 5.不要将媒介当作玩具和安抚工具	1.和孩子一起选择和解读媒介 2.从小养成阅读习惯 3.发展孩子的同伴关系 4.制定并执行媒介使用规则	1.和孩子讨论并商定使用网络规则 2.教孩子懂得辨识信息 3.告诉孩子在网络上要注意保护个人隐私 4.让媒介成为教育的好帮手 5.和孩子一起制作媒体	1.保护孩子避免网络侵害 2.教给孩子在线学习技能 3.教导孩子对网上信息保持独立思考和质疑精神 4.告诉他们网络交友原则 5.教导孩子网络安全规则和数字时代公民素质

第一节　0～3岁的家庭媒介素养教育

1. 我有我特点

父母千万不要以为婴儿是个什么都不懂的“白板”。事实上，0～1岁是孩子的信任感建立期，父母要让孩子知道他的重要性以及家长多么需要他，这样孩子会觉得他生长在一个安全的地方；1～3岁还是儿童自主感发展的时期，如果有家长的支持及受到尊重的对待，孩子会获得充满自主能力的感觉及觉得他自己对这个世界有一份影响力。3岁前的宝宝特别依恋父母，常想和父母亲近，说说玩玩。因此，爸爸妈妈下班回家后，应该多和宝宝互动，给孩子充分的关爱。

这个时期，父母要营造有利于孩子成长的优质环境，不要让媒介成为孩子的“玩具”。0～3岁是孩子感知和动作能力的快速发展期，也是语气发展的关键期，因此对于0～3岁的孩子来说，促进大脑发育的最佳方法是与孩子交谈、玩积木，给他们拥抱。尽管我们无法让所有这个年龄段的婴儿都远离屏幕，但父母必须清楚，0～3岁的孩子是不适合使用任何电子屏幕的，包括电视、电脑、手机、游戏机等，并在生活中做到尽可能少让幼儿接触电子屏幕。

2. 婴儿期（0～3岁）的“电子轨迹”

他们从出生开始就生活在一个被媒介包围的环境，平板电脑成为这阶段儿童的最爱。然而，电视仍是这阶段儿童接触最多的媒介。这时候儿童对媒介的感知主要来自观察，家长的媒介行为会对儿童产生深刻影响。

A. 婴儿被动接收各种信息

3岁前孩子对所有信息的吸收处于一种被动的状态。孩子对外部信息没有选择，因而只要有刺激，孩子看到、听到了，就会在头脑中留下痕迹。这表明环境给予的刺激多，孩子吸收就多，刺激少，孩子的吸收也少。但各种刺激有良有莠，良莠之间孩子不能判决，从而好的坏的一起接受。正因为孩子具有这么大的吸收能量，我们应该尽量给孩子提供最优质的媒介环境。

B. 电子产品成婴儿“安抚奶嘴”

平板电脑渐渐成为不少家庭的新宠，它不仅是大人们喜欢的“娱乐机”，更被很多年轻家长看作是功能齐全的“早教机”。家长把平板电脑作为孩子学习的载体，如让宝宝跟着平板电脑读童谣，翻看图片，学认各种水果、交通工具等，这大大增加了婴儿接触电子产品的机会。

与此同时，也有不少家长把智能手机和平板电脑当作新型的“安抚工具”，孩子一哭闹或者不听话，就拿出电子产品这个“法宝”，这样孩子就会老老实实待着玩电子产品。然而，长此以往，孩子习惯了智能媒体的存在，就形成了对它的依赖，当孩子看到这些电子产品时会比看到亲人还要亲切，而电子屏幕对儿童的负面影响也在潜移默化中步步加深。

C. 2岁小孩开始“追”屏幕

许多婴儿会跟着大人一起“看”电视。国内有调查显示，绝大多数的婴儿在出生两三个月就会跟着大人一起看电视，但仅限于无意识地扫一两眼；六七个月大的孩子看到电视里鲜艳的画面时会伸手去抓或喊叫示意父母；1岁左右的孩子看到有趣的内容会笑，或跟着电视载歌载舞；等孩子到了1岁半，就能自己打开电视机看节目；而2岁的幼儿对电视就有了连续的注意，甚至可以背诵一些广告词语。到两三岁时，孩子可对某些电视画面如婴儿、儿童、动物、飞机、火车、轮船等表现出较稳定的兴趣，而且随着年龄的增长和社会经验的积累，婴儿对电视的注意和理解水平有了很大的提高。

与此同时，现在一些父母为了哄孩子，经常会把自己的智能手机和平板电脑拿给孩子玩。这些牙牙学语的宝宝同样会像大人一样痴迷这些五光十色的电子屏幕，一些孩子还不会走路和说话，却会在屏幕上划划点点了，有些2岁半的孩子已经可以熟练地操作智能手机和平板电脑上的某些功能。

3. 本阶段媒介危害早知道

婴儿无法自行选择媒介，但媒介对他们的影响却一直都在。为了给这些没有选择能力的孩子更好的媒介内容与环境，家长首先要认清媒介带给婴儿怎样的影响与危害。

A. 不利于婴儿学习语言

宝宝生来就是学习天才。从出生到2岁，他们的脑部长大3倍，同时具备学习语言的惊人能力。到了6个月大，他们已经可以分辨在家中听到的不同语言。许多孩子满1岁时，已经会说出第一个字词，也会一再模仿并练习新字词，大人很自然地用凝视、表情、姿势及夸张的语调，来训练孩子学习新字词。

过多使用电子产品，会让孩子缺少语言交流，因为这种交流属于人机交流方式，婴幼儿在成长发育过程中，与人的交流才是必不可少的，特别是低幼年龄阶段的孩子。1岁半正是语言能力的爆发期，电子产品会剥夺他们的语言环境，造成语言发展迟缓，同时带来社交能力、沟通能力上的障碍。一些人认为看影片或DVD可以加速小孩学习语言的能力。然而研究却发现，婴儿每天花一小时看影片或DVD，跟不看影片的婴儿相较，他们少学了六到八个新字词，在语言技巧评比上，也低了十个百分点。

B. 平板电脑早教让婴儿“伤不起”

如今平板电脑早教越来越热，越来越多的家长认同APP教育软件是辅助幼儿成长的一种新方式。但是，平板电脑色彩明亮的画面对于宝宝的视觉刺激是很强烈的，过长时间地注视，会引发宝宝视神经疲劳。特别是2岁以下婴儿，眼睛的屈光等调节系统尚未发育完善，对强光的直接刺激难以调节和适应，时明时暗、不断变化的屏幕画面会使孩子的眼睛疲劳，导致近视。而且有时为了看得更清晰，有些宝宝会不由自主出现歪头姿势，引起斜视。因此，对于宝宝使用平板电脑的时间一定要有所控制，每次玩的时间不要超过半个小时。尤其两三岁的孩子眼睛功能发育最为敏感，应培养孩子正确的用眼习惯，不要让孩子蜷在沙发上或在行驶的车中玩平板电脑，他们的眼睛“伤不起”。而且，长时间在电子屏幕前，电磁辐射也会影响孩子正在发育的脑细胞。

C. 屏幕减缓婴儿学习进程

许多年轻的父母紧跟时代的潮流，让孩子过早地接触电子产品，当中的原因错综复杂，其中，相信科技会让宝宝变得更聪明、赢在起跑点，是吸引父母的原因之一。一些机构以此为噱头，花费数百万的广告，说服父母相信这些媒介产品及课程可以强化宝宝的脑部发育，在这个充满竞争的世界中，一定要让宝宝赢在科技的起跑点。

但我们所发现的事实却恰恰相反。当婴儿花时间看电视或玩其他电子产品时，其学习步调其实是趋缓的。研究显示，观赏影片、节目及各种视频，会让这个阶段的孩子分心。这些电子屏幕只能提供色彩丰富的二维画面，与周围充满不同视觉、听觉、触觉、味觉信息的真实世界相比，无法向婴幼儿提供复杂的感官信息。从屏幕中被动地接受信息不利于儿童发展，孩子脑部学习的真正方式，是通过和父母或其他人的肢体互动来进行的。幼儿在三四岁时是刚开始接触新鲜事物的时候，需要接触各种新鲜事物，如果只盯着游戏，吸收新事物的能力也会降低。

4. 本阶段媒介教育重点

A. 严格限制孩子接触屏幕的时间

宝宝刚出生的这几年，是建立他们日后的童年生活模式及习惯的关键时期。提到任何电子媒体，对于这个年龄段的孩子来说，只要牢记一个诀窍，那就是：限制时间。这个忠告对父母非常重要，也适用各个年龄层。

如果你的孩子不是成长在一个期待屏幕媒体永远存在的环境，他就会把时间花在更健康的事物上，包括体能活动、探索真实世界、与人互动等。而且，如果你在这个阶段并未建立一个让屏幕媒体充当“保姆”的模式，孩子就可能避免养成衍生而来的习惯，好的习惯是会跟随孩子很长时间的，这对你的孩子的未来大有帮助。

B. 建立亲密的亲子关系

婴儿期孩子的心理和生理发展的速度非常快，是人生发展的第一个里程碑。这个时期，孩子的心理发展最需要的是保证充足的营养、睡眠和建立安全依恋。在这个阶段中，如果父母与孩子没有建立好完善的亲子关系和安全依恋，那后果将是孩子在日后的生活中，都不断地向外界寻求“爱与关注”，也容易导致孩子把自信、安全感、自我的建立放在虚拟的媒介中。而与孩子关系亲密的父母，对孩子的要求所做出的回应应该是适当的，既不会过分迁就孩子，也不会过分压制孩子。这个阶段，父母可以通过丰富的面部表情，制造一些有趣的游戏增进与宝宝的联系。比如，和宝宝玩躲猫猫游戏，拥抱、爱抚、按摩宝宝等。

C. 与孩子回归原始的时光

如今很多家庭的亲子时光，被各种“全天候在线”的电子产品所侵入和破坏。让这个时期的孩子学会简单的生活技能是必需的。你需要的只是耐心和亲身，且心无旁骛地建立你和孩子之间爱与信任的亲密关系。如此重要的过程，你不可能一边陪伴孩子，一边盯着你的手机或电视机。比起对着冷冰冰的平板电脑说话，孩子们更愿意与父母面对面地交流，与父母说说话、做做游戏、去户外玩。电子产品虽然好玩，但不能给孩子心灵上的满足。当你将更多的时间放在教孩子走路、吃饭、玩耍的过程中，收获到的不仅仅是孩子带来的幸福，还有发现孩子进步的惊喜。

D. 别老“晒”孩子

孩子在这个阶段的变化总是很迅速的，这些变化常常带给年轻的父母们无限的惊喜，有些父母开始频繁地在网络上“晒”幸福，然而这种“晒”却可能带来安全隐患。孩子的网络隐私面临的最大威胁并非来自相关机构，而是来自父母，尤其是那些热衷在社交网络展示自家孩子的“可爱”和“聪明”的父母。

多数的智能手机都有定位功能，发微博或微信“朋友圈”时一定要关闭定位服务，如果不关闭，不法分子很容易通过你发的微博和定位系统推断出你的家庭住址、工作地点、你和孩子的行踪等。不要把孩子的相片加上标识、姓名、地址、生日或其他说明身份的信息。另外，在使用相片分享网站时，要谨慎选择一些可信度高的网站。

E. 不要将媒介当作玩具和安抚工具

尽管孩子们很喜欢玩媒介产品，但家长投其所好，把媒介当成玩具是一种不当的做法。玩具本身的作用是为了让孩子在娱乐中更好地适应生活，尤其对低龄宝宝来说，适宜的玩具能促使幼儿的大脑发育，培养兴趣爱好，在玩乐的过程中促进智力的提升，增进孩子对生活的了解。而孩子喜欢媒介产品，多是喜欢上面的游戏，一旦沉迷于虚拟的游戏世界，孩子会不愿意参与现实世界，这对于孩子日后融入现实社会和学习社会规范将产生不良的影响。

同时，父母要反思一下，自己平时是否一遇到孩子哭闹，就立刻拿出电子产品“安抚”孩子。父母不能为了贪图轻松就把电子产品交给孩子，让电子产品“陪伴”孩子，因为父母的陪伴是孩子健康成长必不可少的养分。父母陪伴在孩子身边，可以培养孩子良好的生活习惯，促进孩子的身心、人格健康发展。所以在陪伴孩子的过程中，父母要时刻记住自己的“原则”——既不要一边陪伴孩子一边玩电子产品，也不要轻易地把电子产品交到孩子手中。

5. 家长热门问答

Q：电子产品对这么小的孩子真的有帮助吗？

A：虽然广告商积极锁定那些想让自己的宝宝赢在起跑点的家长，但所有最新研究报告均显示，电子产品对2岁以下的孩子在各方面都弊大于利。而对于3岁的孩子，可以少量、短时间接触一些电子产品，关键是选择益智的、有助于孩子的媒介内容。

电子媒介并不能取代孩子在真实世界中的体能探索与学习，如跟你一起阅读绘本、指印画、着色、使用安全剪刀、玩积木、黏土和拼图等。3岁的孩子也许能在电子屏幕上描写字母及数字，表现得像个神童，但他还是需要训练小肌肉的灵敏度，练习用手握笔来描写字母。

对家长和孩子来说，最好的办法是用亲子活动替代电子产品。和宝宝一起玩玩具、做游戏，一起看有趣的图书，或带宝宝去旅行。这些看起来比打发宝宝看电视、玩电子游戏要麻烦的活动，不仅能让宝宝远离屏幕，还将为父母和宝宝带来健康的身体和快乐的亲子关系。同时，父母还可以邀请其他小朋友一起玩或鼓励宝宝加入其他小朋友，不仅培养宝宝的分享合作意识，也为宝宝社交能力的发展打下基础。

Q：我的宝宝要多大才可以开始玩电子游戏和APP？

A：这些产品也许看起来富有教育功能又乐趣无穷，但它们全部都必须通过屏幕使用。孩子在两岁前尽量不要接触任何电子产品。过早让孩子接触电子屏幕，弊大于利。但现实生活中，孩子们四周环绕着各种屏幕，期待孩子永不接触屏幕，这可能不切实际。如果你想带宝宝接触针对婴儿设计的益智游戏、APP或电子书，希望让它成为另一个亲子互动的机会，那么可以抱起你的宝宝，读一本电子书给他听，或者一起玩几分钟婴儿适用的APP或游戏。在少量的情况下，玩电子产品可以成为一种帮助宝宝学习新事物的娱乐方式，但要记得，宝宝在使用这些电子产品时，必须有你的陪伴。

3岁的孩子，如果对电子产品特别感兴趣，可以将每次玩的时间控制在15分钟左右。在让孩子玩平板电脑时，最好将它架起来，垂直放置，让眼睛平视，避免颈椎受累，而且不要让孩子蜷在沙发上玩，更不要在行驶的汽车和地铁里玩。选择游戏时多挑一些寓教于乐的益智游戏，避免玩画面过于血腥和激烈的对战游戏。

Q：哪些教育方式更适合这个年龄的孩子？

A：读书给你的孩子听，不管是哪一种版本的书，永远是最好的。除了纸质书，专为婴儿设计的慢速电子书也可能是个好选择，特别是当你关掉配音，用自己的声音读给孩子听，手指着图片，口里重复文字，在往下读的过程中问宝宝一些问题。宝宝可能分不清颜色也跟不上故事情节，但他喜欢听你的声音，跟你的肌肤接触。关键在于，选择一项你能控制速度的活动，跟你的孩子一起参与。让宝宝的焦点不在屏幕或机器上，而是在你身上。

不过一般来说，这个年龄的孩子最好的活动项目是跟电子或屏幕无关。婴儿的学习，是通过跟真实的人互动，以及通过移动位置、操作物体、探索世界及动手实践而来的。他们是原始的行动装置，而触摸、抓取、玩耍和模仿你，就是学习成长的最好方式。事实上，如果你想促进宝宝的脑力发展，最聪明的方法就是最传统的方法。科学已经证实，玩积木与孩子得到高分的语言成绩有关。所以，关上电子产品，取出积木，帮助你的孩子在起跑点上，打下稳固的根基吧。

第二节　3~6岁的家庭媒介素养教育

1. 我有我特点

3~6岁的孩子上幼儿园了，他们开始有了新的伙伴。他们喜欢幻想、创造和按照自己的主意行事；如果在这阶段受到家长的支持，他会说出他的想法及表达他的情绪。这时期的孩子是天生的艺术家。这时是他们学习唱歌、跳舞等艺术项目的黄金时期，又是孩子培养学习、生活习惯和性格养成的黄金时期。

这个时期，他们以玩乐为主，他们的学习常常是在活动中进行的，这与我们成年人相对安静的学习方式不同。他们通过对事物进行实际操作来学习，不管这些活动是搭积木、玩洋娃娃还是过家家。在游戏中，他们从事各种实践活动，这些活动会慢慢地被内化为思维活动。相反，让儿童静静地坐着学习，对他们的成长不会产生持久的作用。在幼儿期较少玩耍的孩子的智商比幼儿时经常与他人一同玩耍的孩子低，便是这个原因。

另外，这时期是孩子的语言发展的关键期，父母要积极创造一个良好的语言环境，可以多谈一些符合幼儿语言特点的、幼儿比较感兴趣的话题，让幼儿乐于说、乐于讲。此时幼儿的模仿能力和接受能力强。他们的自我认识和自我调节能力逐渐发展，因此，选择一些合适的电视节目让幼儿欣赏对幼儿的发展是很有益处的，特别是一些幼儿较为喜爱的动画片等。家长还可以为幼儿选择有配乐的优美儿童诗词让幼儿欣赏，也可以利用录音机、影碟机等电教手段来加强对幼儿的语言培养。但值得注意的是，此阶段的孩子最适合通过游戏进行学习和发展，因此孩子使用媒介时要有父母陪伴和交流，否则孩子整天对着电子屏幕，不与人交往、交流，不但语言发展不起来，性格也可能日趋内向。另外，有时间尽量让孩子多和家人与同伴互动游戏，过多使用电子产品会剥夺孩子理解和接触真实生活的经验。

2. 幼儿期（3～6岁）的“电子轨迹”

从我们《2014—2015年中国城市儿童网络安全和媒介素养状况报告》的数据分析来看，幼儿期儿童使用媒介的主要目的是娱乐，包括玩游戏和看视频，这两种行为在手机、平板电脑和电脑上的比率都超过45%，其中用电脑看视频的比率最高，为58.3%。

因此，家长一方面要严格把控孩子使用电子媒介“看”和“玩”的内容，另一方面要时刻关注孩子用电子设备的时间以及用电子设备的姿势。

A. 由“被选择”到“我选择”

与0～3岁的婴幼儿的被动接受形式不同，3～6岁的孩子开始有了自我的意识。他们喜欢规律及重复，同时也是模仿大师，他们把兄弟姐妹、朋友及父母当作观察和复制的范本，学习并测试各种行为、规则与期待。

这时期的孩子，已经可以使用筷子、玩拼图、操作遥控器来打开电视或切换频道，也会拍照片、开启电脑、使用鼠标和玩APP。他们从活泼而富有想象力的音乐、故事、游戏、对话及媒介等一切事物中学习。

因此，这个时期的孩子对媒体的接触更为主动频繁。当家长的电脑闲置的时候，孩子能够自己主动开机，打开视频网页，播放自己喜欢的动画片；当精彩的少儿节目正在播放时，他可以目不转睛地盯着电视，忘记了吃饭；当父母坐在孩子身边时，他可能第一时间夺过你的手机玩游戏……这些主动的行为方式，使得电子设备成为孩子生活的主要娱乐产品。

特别是上幼儿园后，他们能探索更广大的世界。他们知道得更多，会做得更多，也更独立。这也造成他们更容易沉迷于媒介的虚拟世界中。对这个年龄的孩子来说，他们开始主动选择自己喜欢的媒介内容，很容易花费一两个钟头看电视，或在周末、假日和放学狂打电子游戏，甚至成为一种习惯。

B. 媒介习惯深受身边人影响

这个阶段的孩子，已经会用父母的智能手机玩游戏，央求父母给自己玩平板电脑。他们可能已能够在电脑上执行命令、使用鼠标和玩游戏，但还需要依赖更年长的人帮助他们查找网站和解释网上信息。

同时，这时期的孩子渴望被认为是好孩子。父母和老师的话会对他们产生绝对的影响。他们本身对媒介的内容缺乏判断的能力，但他们会观察身边的孩子和大人所做的事，然后学着做，而且学得淋漓尽致。身边人的媒介行为，对孩子的媒介行为起着重要作用。

值得注意的是，现在很多父母自身也沉迷于各种电子产品当中，花很多时间在网络上。调查显示，这一阶段父母的媒介习惯对儿童有着深刻影响。所以，如果父母想让孩子从这时期开始有良好的媒介使用习惯，最好的办法就是自己先做好榜样，通过自身的行为，让孩子明白怎样使用媒介才是正确的。此时，同伴对孩子的影响也逐步增大，家长要特别留意让他们避免受到伤害和被盲目性误导。

3. 本阶段媒介危害早知道

幼儿较婴儿的生活范围扩大，见闻日广，知识经验更加丰富，思维也有了新的发展。但由于此时他们的是非辨别能力还很差，因而媒介的不良内容对他们的危害更大，这值得父母们特别注意。

A. 科幻影视带来现实的疯狂

调查显示，如今幼儿期儿童最喜欢的动漫形象包括奥特曼、巴啦啦小魔仙和喜羊羊。这些掺杂着科幻内容的动画片会在一定程度上影响孩子的心理健康。3～6岁的幼儿缺少基本的认知能力，对真真假假的电影内容辨别不清，因而容易盲目行动，做出伤害他人或者自己的事情。“孩子学蜘蛛侠，披条毯子从高楼跳下”“4岁女孩要学哪吒自刎”……这样的新闻屡见不鲜，电影中的科幻镜头固然新奇好看，但孩子在观看的时候，家长仍要多多关注孩子，及时告知孩子内容的真实与虚幻，别让孩子心目中的大英雄成为孩子安全的杀手。

B. 低俗动漫扼杀孩子的天真

这个阶段的孩子模仿能力很强，容易去模仿动画片等少儿节目中主人公的语言与行为，一些低俗动漫对孩子的影响深远。例如有些漫画中的主人公不断吐出脏话，许多儿童看完后频繁模仿，一些脏话甚至成为许多孩子的口头禅。有些动画片包含色情内容，孩子过早接触不属于他年龄段的知识，不单单影响心理，同时也支配了他们的行为。

C. 滥用电子书让亲子阅读变味

近年来，电子书渐渐成为阅读的趋势。电子书改变了我们的阅读习惯，让我们感受到了高科技带来的阅读便利。但现在有些家长图省事，把电子书扔给孩子独自浏览，自己忙自己的事，大大减少了亲子陪伴阅读时间，这就会对孩子造成不利影响。以前，经常是家长拿着一本纸质书，给孩子讲故事，陪他看书，帮助孩子逐步培养阅读能力与读书习惯。其实，家长与孩子互动的“对话式阅读”，对于孩子学习能力的培养至关重要。家长可以在其中就故事内容对孩子进行提问，鼓励孩子复述故事内容，而这些是在电子书中无法直接呈现的，因此家长要善用电子书，尽量多陪伴，与孩子互动式阅读。

D. 被分散的注意力

一项针对学龄前孩子所做的研究显示，孩子每天多看一小时电视，在7岁时产生专注问题的风险就增加一成，包括焦躁不安、难以专注、混乱骚动以及冲动行为。电视图像是一种直观的表示方法，很容易理解，人们只须一味地接受，大脑不须参与思考。如果儿童长时间被动接受，不思考，智力的发展就会受到阻碍。另外，由于看电视时，大脑处于放松状态，再加上舒适的环境，声光电的刺激很容易让儿童痴迷。习惯了屏幕观看的儿童再面对书本时就很难产生持续的注意力。因此，不少孩子很容易分神，对单一事物特别容易感到厌烦，坐不住。这也是孩子上学后做作业拖拉，上课难以集中精神，学习效率低的原因。

E. “屏幕迷”身体越来越差

调查显示，3～6岁儿童观看电视或屏幕的时长是0～14岁中最长的，该阶段有41.6%的儿童看电视时间在30分钟以上。长时间看电视或视频除了导致视力下降，还会带来儿童肥胖问题。儿童肥胖率随儿童平均每天看电视时间的延长而显著增加。数据显示，平均每天看电视时间每增加一小时，肥胖率增加两个百分点。而且受电视中食品广告内容的影响，看电视时间较长的儿童选择高能量、高脂肪膳食的比例比较高，零食的摄入也比较多。幼儿时期是饮食行为习惯形成的关键时期，因而这直接影响到儿童的身体健康。当孩子长时间坐在电视屏幕前，他们不跑、不跳、不伸展，也不走动，对正在发育的身体将产生不良的影响。

我们的全国调研报告显示，这个阶段儿童用电子设备看视频的比率也非常高，仅次于12～14岁的儿童，达51.7%。由于观看平板电脑视频往往比电视距离更近，对儿童的视力和生长发育的影响也会更大。

4. 本阶段媒介教育重点

3~6岁的孩子，处于幼儿期阶段。在这个阶段，孩子正在学习遵守大量的生活规则。良好的媒介使用习惯，对他们的身体、心理和情绪发展同样重要。必须留意的是，如果等到孩子较大时，再来制定规则和限制，就会难上许多。

A. 和孩子一起选择和解读媒介

此时孩子正处于不断吸收资讯、建立自身的行为和观念的阶段，但他们缺乏相应的生活经验和判断力，所以父母必须思考和判断什么最适合孩子，帮助孩子过滤与选择媒介内容，并借由分享讨论，帮助孩子建立正确的媒介阅听习惯。

在让学龄前的孩子观看电视节目、玩APP或电子游戏前，家长自己要先检查内容，阅读相关评论及分级程度，不要落入广告的陷阱，你要判断产品及节目是否真正优质，且适合哪个年龄段的孩子。即使你已在电脑上安装了保护儿童的绿色浏览器，但陪你正在读幼儿园的孩子上网，还是很重要的，因为他还是可能会看到一些你不希望他看到的东西。这时的孩子容易相信并模仿他们所看到的，他们无法分辨事实与虚幻，也不了解广告与现实生活事物之间的差异。因此，他们需要父母的监督、引导和保护，从而避免接触不当的内容，包括暴力、恐怖、色情，或是充斥脏话、不良示范及不良行为等。如看到电视剧里全是一个个瘦瘦高高的女生，孩子会以为“瘦就是美”。所以，家长要在旁边做一个平衡的教导，包括身体意识、正面的性别典范，以及性别的刻板印象等。

B. 从小养成阅读习惯

阅读能力作为一种重要的学习能力，需要从小培养。对幼儿阶段的孩子来讲，亲子阅读是一种最好的学习方式，也是培养孩子阅读能力的有效方法。

亲子阅读，即家长和孩子一起阅读，也包括家长指导孩子阅读。亲子阅读能开阔孩子的视野，发展孩子的智力。为了配合孩子的能力需求，父母必须掌握一些技巧，才能与孩子进行愉快的阅读，让亲子共读成为幸福的回忆。如尊重孩子的喜好，陪孩子读他所喜欢的书，这才能让孩子感受到阅读的乐趣，而不要一味要求孩子读自己认为“有益”的书；在进行亲子共读时，选择舒适且安静的环境，将家中的电视、手机关掉，专心阅读；和孩子一起聊书里的故事，讨论里面的情节，让孩子说说他自己的看法。这样既能促进孩子对故事的理解，而父母也能知道孩子的想法并及时有效地引导。最好是每天坚持半个小时陪孩子一起阅读，从小养成良好的阅读习惯。

C. 发展孩子的现实“朋友圈”

处于幼儿期的孩子是需要同伴的。这个阶段，作为家长需要当陪伴者和环境的创造者，陪伴孩子一起接触探究“小家庭”以外的“大社会”，创造孩子成长的大环境。

现在的孩子玩伴比较少，当孩子无法找到同伴进行游戏、活动时，可能会把精力与注意力放在这些虚拟的世界里。因此，家长需要创造环境，协助孩子找到同伴。比如，多带孩子参加户外集体活动，带孩子去找小伙伴玩，热情欢迎孩子邀请自己的小伙伴到家里做客等。让孩子有充分的时间和小朋友们一起交往，得到更多面对面的交流机会，体验到和同伴交往的乐趣。在此过程中，教给孩子人际交往的技巧，如待人有礼、学会忍让和合作、遵守集体规则、乐于助人等，让孩子成为一个受欢迎的人，这样孩子会更乐于与人交往。

D. 制定并执行媒介使用规则

对于父母来说，这是必须真正严肃看待媒介使用规则及界限的阶段。良好的习惯需要从小培养，健康的媒介使用习惯也应该让孩子从小养成。父母不妨设定一些媒介规划，切实执行。对全家来说，这会是一个很好的家庭习惯。父母可以和孩子商量并约定使用媒介的时间，将约定的内容制成“家庭媒介使用计划表”，在这份计划表里和孩子约定每天看电视、上网、玩电子游戏的时间，用大图画纸，把这份表制作出来并贴在家里显眼的位置上。在执行媒介使用计划表之前和之后，我们可以坚持使用“每周媒介使用观察表”，把自己一周的媒介使用情况罗列出来，这样就能更清楚自己的媒介行为，反思总结，更好地执行媒介使用计划。

5. 家长热门问答

Q：我可以让学龄前的孩子玩电子游戏和APP吗？

A：电子游戏让玩家进入一个五彩缤纷且难以抗拒的虚拟环境。跟电视一样，他们具备易成瘾的特质，跟真实世界争取孩子的注意力。因此，特别要对学龄前惯常玩电子游戏和APP的孩子，加以关注和引导。孩子在这个年龄段的习惯养成，是在为一生的选择与行为模式打根基。如果他们现在着迷于娱乐性的APP及电子游戏，当他们长大一点，就可能会成为热衷的玩家。

虽然如此，有些适合童年早期的益智游戏及APP也是值得推荐的，可以成为一种有趣的学习渠道。如果你每天在一到两小时的屏幕时间中，花部分时间跟你的孩子一起玩这些游戏，会是不错的选择。关键在于必须非常精挑细选，选择一些“寓教于乐”的游戏，并确定它们是优质且适龄的。而且要把所有的屏幕时间，控制到最低限度。这个年龄段，对孩子来说最好还是学习如何在真实世界过生活，而不是在屏幕中。

Q：如何避免孩子接触不当的媒介内容？

A：许多父母都有这样不愉快的经历，兴冲冲带孩子去看电影，片中却意外出现暴力黄色的画面，或是发现孩子在玩血腥的游戏。避免孩子接触所有不当的内容，也许不大可能，但有些做法还是可以用来降低风险的，并帮助你的孩子用健康的方式处理这些状况。如在你决定购买电影票或下载视频以前，最好先看过电影分级、评论及推荐等相关资讯；看电视时，挑出适合孩子的节目供他们观赏，如果无法在要看的媒介内容上达成共识，就和孩子一起从事其他活动，如出去玩耍；电子游戏、APP和网站也是一样，在你判断它们是否适合孩子的年龄以前，自己要先看分级与评论，并检查产品及网站。

父母对儿童在电脑、手机上看到的一些比较难理解或烦扰的内容进行解释，有助于消除儿童单独观看时可能发生的负面影响。孩子可能受到媒介信息中暴力、色情和其他不适宜镜头的不良影响。所以需要父母适时对其中某些不当信息进行讨论和解释，并加以引导。还有一点很重要，当孩子去朋友家玩，或者跟家人、保姆共处时，你可在适当时候告诉他们，哪些东西适合或不适合让你的小孩观赏或参与，取得他们的共识。

Q：如何判断媒介内容适合这个年龄的孩子？

A：首先要记得的是，学龄前的孩子不应观赏任何成人节目，或玩任何针对成人设计的APP及电子游戏。为孩子选择电子游戏、APP、DVD或电视节目时，可先思考以下问题：

1. 它有教育价值吗？

最适合3～6岁孩子的媒体，可以帮助他们学习字母、数字、基本字词、简单的科学概念和基本的社交技巧，可以帮助孩子们建立诚实、友善、分享等优良的品德。

2. 它有正面信息或榜样作用吗？

这个年龄的孩子会吸收他们所看到和听到的一切，所以正面信息是很重要的。儿童所看到的正面屏幕里的人物或者卡通形象都会潜移默化地成为孩子模仿的对象。因此要提早评估孩子所接触信息里的价值观。

3. 它是暴力的或可怕的吗？

这个年龄的孩子接触暴力，会造成行为及学习上的负面影响，因此要尽量避免他们接触人物以暴力解决冲突的视频、电影及电子游戏。如果孩子看到类似剧情，要告诉他，剧中人物可以用哪些其他方式来解决问题。另外也要过滤可能会吓到孩子的内容。

4. 它是色情的吗?

如果是，坚决把它关掉。

5. 它有脏话吗?

屏幕里不当的言语对学龄前的孩子是个灾难。这个阶段的孩子是语言模仿高手，他们如海绵般学习新字词，会学习并重复听到的一切。

6. 它有喝酒、吸毒或抽烟等不良行为画面吗?

如果有，尽量避免孩子接触。

7. 它有广告或搭卖商业产品吗?

3～6岁的孩子并不了解广告和现实事物之间的差异，较易受到广告影响。免费的APP及电子游戏通常会跟商业信息及产品连接在一起下载，许多大受欢迎的卡通人物也搭卖商业产品。因此，家长应尽量避免孩子接触不良信息的广告，如果不可避免接触到，则要及时给孩子进行讲解。

第三节 6~8岁的家庭媒介素养教育

1. 我有我特点

6~8岁是孩子正式接受学校教育，思维系统和逻辑性逐渐发展，逐步形成稳定的自我评价，建立良好学习兴趣和习惯的关键期。这一阶段的孩子开始保持稳定的成长和学习速度。他们喜欢处理实际生活中的任务及活动，假装和幻想明显减少了。他们喜欢“真正的”珠宝，拍“真正的”照片以及收集“真正的”东西。这一阶段的孩子能保持较长时间集中注意力，他们可以坚持做某件事直到任务完成，他们渴望问题或争论得到解答。

他们的大脑发展需要足够多的刺激因素和活动。这个阶段，若只是任由环境出现的事物带来刺激因素，孩子所能得到的发展智力机会就太少了。故此，小孩子总是不断地找寻新的事物，尝试新的行为。如此，他才会得到最多的刺激因素，他的脑力才能有最好的发展。

这时期，孩子活动时间的运用也需要注意。今天的家庭生活比以前丰裕得多，家长出于安全考虑，往往希望孩子留在家里，宁愿孩子把时间花在电视、电脑和电子游戏机上。孩子的确应该自小便懂得使用电脑，电视也有有益的节目，电子游戏亦能使家人欢聚一堂。可是这些电子产品不应占孩子活动时间的大部分，因为孩子需要很多不同的刺激因素，光靠这些是不够的。家长应该鼓励孩子多与其他孩子玩耍和参加课外活动。这个阶段，孩子参加集体活动以及遵守规则对他们来说变得非常重要。一群孩子在一起玩耍时，他们可以学到沟通、人际关系、自我价值、取得支持、化解冲突、建立和谐关系；孩子参加户外活动，可以学到照顾自己、解决困难、互相帮助和认识大自然等；孩子参观博物馆、动物园、工厂、电台等，可以充实人生知识；孩子参观老人院、孤儿院、农场等，可以帮助他们在感性方面的成长。这些都是在家中面对电视、电脑所无法学到的。

2. 童年前期（6～8岁）的“电子轨迹”

6～8岁的小孩开始体验自由与责任，在家做功课，帮忙做家务。他们跟同伴的关系更加紧密，会自己走到邻居家玩，发展出更多自己的兴趣，也渐渐开始被流行文化所吸引。当他们的信心及能力逐渐提升，他们在媒介世界里的行为也在拓展。这一阶段是儿童开始进一步使用媒介的时期。调研报告显示，他们最喜欢的媒介，为课外书（54.8%）和电视（47.8%），平板电脑的偏好率也比较高（33%）。相比起其他年龄阶段的儿童，小学低年级的儿童接触电子设备的时间最少，有13.6%的儿童不使用电子设备，周末使用电子设备的平均时长为45.72分钟。

虽然对于低年级的儿童而言，媒介使用的主要目的依旧是娱乐，但他们的其他线上行为都开始活跃起来。交往行为上，加入线上联盟、Q群的人数明显增多。学习行为上，用电脑上网浏览、查找信息的比率也有较大增长。表达上，拍照受到低年级儿童的欢迎，也有超过1/5的儿童比率拥有了自己的社交媒体账号，在社交媒体上发表内容的人数也接近三成。

A. 网络成为孩子的“百科全书”

从幼儿期到童年前期，儿童生活发生了巨大的变化，即开始进入学校接受正规的系统教育，学习成为儿童日常生活的主导活动。因参加系统的学习，儿童对社会生活知识和自然科学知识的需求大大增加。学校的课程和新的集体生活既给儿童解释了许多问题，又给儿童提出了许多新的问题，因此，儿童潜意识里渴望接触媒介。儿童在使用媒介的过程中即使不是有意识地进行学习，也会在无意之中，积累大量的社会生活知识和自然科学知识。

随着每天接触媒介的时间不断增加，儿童对信息的获取已不局限于家庭和学校教育，通过电子媒介资源也可以获得巨大的信息，电视、网络等媒介成为儿童获得信息和知识的新方式，成为儿童解决学习和生活中难题的主要途径。在我们的调查中，低年级儿童用电脑上网浏览、查找信息的比率已达到15.2%，比幼儿期翻了近两倍。与此同时，数字化阅读也出现在儿童的生活中，渐渐成为主流。用电脑看电子书的比率达到了7.4%。2013年一个全国性的调查报告《孩子&家庭阅读报告》发布显示：自2010年以来，阅读电子书的儿童所占的比例几乎翻了一番，6~17岁的孩子和他们的家长越来越多地在数字化环境下分享阅读，这也对孩子们的阅读频率和态度产生了影响。

B. 同伴关系逐步发展到网上

小学低年级是孩子同伴关系发展的重要时期，孩子慢慢开始向外界发展，把同伴的关系建立起来。对这个年龄段的孩子来说，不只是真实的世界变得广大，他们在线上世界中待的时间也越来越久，他们开始学会用QQ（22.5%）、加入Q群（22.8%）、加入线上联盟（21.1%），甚至开始结交网友（12.1%）。在网络社群里，他们创造虚拟身份，布置虚拟房间，结交网络朋友，跟他们一起玩游戏和聊天。他们可能也会购买虚拟的服装、玩具及配件，有时是用实体货币来购买。在我们的调查中，有19.1%的儿童会在游戏中投入金钱。所以，这是父母必须面对的一个事实。这表示你不仅要密切关注孩子在现实世界做什么、去哪里，也要注意他在网络的游乐场和社交圈做什么、去哪里。

这时期，同伴的媒介行为会对孩子的媒介行为产生很大的影响，如果孩子的同学、朋友对某一媒介产品特别热衷，而孩子却对此毫无了解，可能会被同伴排斥和孤立。这种来自同伴的压力，也会促使孩子更多地去关注和接触媒介。

C. 电子游戏成为孩子的最爱

传统的玩具，如玩偶和汽车模型，现在越来越不受孩子的青睐，如今孩子的礼物愿望清单被各种高价格的高科技设备充满着，比如游戏机、智能手机、平板电脑等。为什么这些设备成为对儿童的巨大吸引力呢？主要是因为里面有丰富多样、画面绚丽的游戏。

电子游戏对6～8岁的孩子来说，是一种强大的诱惑。这个年龄段的孩子，超过九成都玩过电子游戏，他们和小伙伴们一起玩网络游戏、下载游戏、在游戏里比赛。而且只要一有可能，他们就会玩。我们经常看到，一些孩子在外出吃饭时拿着爸爸妈妈的手机或者用手指在平板电脑上划来划去，他们大多是在玩游戏。这些年幼的孩子也成为“低头族”中重要的一员。在他们当中，电子游戏平常到如果一个孩子不知道什么是《愤怒的小鸟》，没玩过《神庙逃亡》，可能会遭到其他小朋友的嘲笑。

然而，虽然一些电子游戏有助于儿童智力开发，但是家长要时刻注意儿童玩游戏的时长，并监控儿童玩电子游戏的内容。如今电子游戏市场良莠不齐，许多游戏充斥着暴力、色情内容，儿童如果长时间沉浸其中，会危害其心理健康。

3. 本阶段媒介危害早知道

6~8岁的孩子判断能力不强，喜欢模仿，易受他人暗示和影响。这都导致了儿童对于媒介的选择带有一定的盲目性，难以把握准确尺度。

A. 不良内容扭曲思想观念

虽然网络资源丰富，但也存在相当多不适宜孩子的内容。当孩子花大量时间玩暴力的电子游戏，用“枪械”和“链锯”去“屠杀”虚拟对手，他们可能会产生焦虑和侵略性行为，变得缺乏同理心。有些游戏如《小女孩化妆》《奥特曼娶新娘》，它们的焦点几乎都只放在化妆、时尚与打情骂俏上。这个年纪的女生正在塑造她们的自我认同，这些内容会推波助澜，催逼她们当“性感辣妹”，或扮演传统的女性角色，不断注意自己的外表，给孩子带来错误的角色定位。此外，网络攀比、拜金等各种思想，都可能使孩子的价值观产生偏差。

还有一个不得不说的是网络流行语。这些“新潮”的语言，其实包含着很多粗俗的内容，比如“TMD（他妈的）”“屌丝”“累觉不爱”“高富帅”字眼等随处可见，不仅不利于孩子学习规范的语言，同时也会模糊孩子的道德观念和价值取向。

B. 警惕“电子产品依赖症”

随着电子产品在儿童生活中的比重越来越大，他们似乎越来越离不开各种电子产品了：放假时他们“宅”在家里玩电子游戏；通过手机与网络和同学及朋友聊天、沟通；外出吃饭时也爱拿着父母的平板电脑或手机玩；遇到不懂的问题，他们第一时间上网搜索答案……然而，儿童长时间与电子产品接触，容易患上“电子产品依赖症”。

“电子产品依赖症”会给孩子带来至少三方面的不良影响：

（1）过多接触会影响孩子能力的发展。电子产品固定的程序设置以及没有感情的物质特性，对孩子的想象力、创造力、注意力以及思考能力都有很大的影响。同时，过度接触电子产品会使孩子养成依赖心理，使其探索真实世界的好奇心和热情减退，减弱孩子的动手操作能力。

（2）阻碍孩子的社交能力发展。对电子产品的依赖，使孩子们忽略了正常的人际交往。他们在虚拟的世界中相互逗乐、畅所欲言，可一旦真正面对面时就不知道该怎么与人沟通、交往。离开电子产品，很多孩子越来越不会玩了，也不会主动与他人交往，变得孤单和冷漠。

（3）过度使用会伤害孩子的生长发育。过度使用电子产品对儿童的健康成长会造成多重的伤害。首先，长期盯着电子屏幕会影响孩子的视力发育，造成孩子过早近视。其次，长期埋头使用电子产品会对孩子尚未发育完全的颈椎造成伤害。再次，长期拨弄显示屏，对手指的生长发育也会产生不良影响。同时，电子产品的电磁辐射也是一个潜在危险。

4. 本阶段媒介教育重点

A. 和孩子讨论并商定使用网络规则

如同任何一项权利都伴随着责任，上网也必须承担责任。这个年纪最适合开始教导孩子网络行为，让他知道在互联网上什么可以做、什么不可以做，为孩子的网上生活打下积极正面的根基。

◆ 解释你的家庭规则。让他知道哪些网站适合他看，哪些不适合。同时让他明确知道：上网必须遵守严格的时间限制，你必须关注他在网上做什么，时间一到就要把电脑或游戏关掉。

◆ 解释网站规则。一些儿童网站会张贴行为规则，家长要陪孩子上网，同时确定他在开始玩以前，已经了解规则，并说明违反规则的儿童会受到惩罚。

◆ 教导孩子，网络世界的规则和真实生活的行为规则并无二致。在网上不可以表现得像个恶霸或无赖，也不该说或做一些你不希望他人这样对你说或对你做的事。现实生活有善恶美丑，网络世界里一样有。

◆ 告诉孩子，如果网站上有人表示恶意或行为不当，一定要让你知道。许多网站有供你举报网络上的不当行为的设置。示范给孩子看，让他知道可以通过什么途径来举报。

◆ 帮助孩子了解，他在网络上所看到的事，并不都是真的。他在网络上所遇到的人，并不都是他们自称的身份。

◆ 告诉孩子，在询问过你以前，不要随意下载任何东西。许多吸引人的、免费的、可下载的网络游戏及影片，可能会夹带恶意病毒。

◆ 让孩子明白家里可以没有屏幕但不能没有亲情。可以设立家庭"非屏幕时间"。具体方法如下：

（1）全家人一起商量，确定"非屏幕时间"为__________至__________（时间），建议1～2小时为宜，频率可以为每天或每周的其中几天。

（2）为"非屏幕时间"设立一名监督管理员。（为了让孩子更积极加入并自觉遵守约定，家长们可以推荐孩子作为管理员哦。）

（3）到了"非屏幕时间"，管理员负责把家里所有的电子屏幕——手机、平板电脑、游戏机等统统收缴进一个箱子，收不进去的屏幕——台式电脑、电视也都得关掉。

（4）在"非屏幕时间"里，不得利用任何电子屏幕从事任何活动。如有紧急事情要使用电话，必须向管理员提出申请，经过允许后才可使用。使用完后也必须再次放回箱子里。

（5）在"非屏幕时间"里，父母可以和孩子一起读书、打球，或者听音乐，也可以给孩子讲故事、做孩子喜欢的小游戏等，总之在这段时间里，父母要全身心地陪伴孩子。

B. 教孩子懂得辨识信息

网络给人们的传播带来了极大的便利，但同时也让人们发布假消息的成本大大减少，如今网络上各种虚假有害信息满天飞，稍不留神就可能掉进各种各样的信息陷阱。作为父母，应该怎样增强孩子对信息的判断力？可以教孩子从以下几个方面来判断网络信息的真假：

（1）从常理上判断，不要相信无缘无故的“幸运”，比如中奖类信息。

（2）从信息来源判断。假消息往往没有出处。若有信息来源，先用百度或谷歌搜索比较同类信息看是否可靠；若没有信息来源，可复制这则消息到百度或谷歌，看看有没有人已经辟谣。

（3）自己的或别人的经历是我们判断信息真伪的最好老师，不妨引以为鉴，牢牢记着，时时提醒。父母也可在适当的时候利用相关的新闻事件提高孩子的警觉性。

（4）经常和孩子讨论。父母要告诉孩子，平时在网上遇到异常的情况，一定要告诉父母。父母在日常生活中，也要坚持和孩子就一些信息的真假进行讨论，帮助孩子养成独立思考的能力。

C. 告诉孩子在网络上要注意保护个人隐私

陪这个阶段的孩子一起上网建立账号。首先，帮他想个不会泄露真实身份的网络账号。然后，帮他想个不会轻易被猜到的密码。为了安全起见，不要用孩子的小名、宠物名、生日、住家地址、电话等个人资料。最好的密码，是用字母、数字和生僻字所组成。创造这种密码会很好玩，把它变成一种游戏，用来教导孩子基本的密码安全，会是一种很棒的方式。向他说明，绝对不能把密码告诉任何人，连朋友都不行。

在孩子上网以前，父母必让他知道，不能在网络上随意跟人分享或填写涉及个人隐私安全的资料，包括：姓名、住址、电话、年龄、学校、课后活动等。

D. 让媒介成为教育的好帮手

这个阶段的孩子正处于学东西的最佳时期，而新媒介是一个强大的资源库，教孩子一些基本的学习技能是家长们的一项重要工作。首先要利用好网络，网络上有许多适合孩子的学习网站，父母可以利用这些网站教孩子一些交通、生活等常识问题。而且，如今的智能手机、平板电脑日益普遍，各种APP丰富着我们的生活，不要忽视了这些工具的教育价值。父母可以利用智能手机或平板电脑下载一些优质的APP，用以帮助孩子学拼音、学算术和课外知识，其有趣的学习方式，可提高孩子学习兴趣，也更易于孩子掌握。

同时，也不要小看搜索引擎及论坛的力量，教会孩子如搜索关键字、同义代换等搜索方式，可以使他在最短的时间内准确地搜索到自己想要了解的内容。但要记住的是，孩子自己思考是主题，不要让孩子对这些网络搜索与问答产生依赖。当然，海量的电子书和电视上丰富的少儿节目都可以扩大孩子的知识面，促进孩子的学习，但一定要注意使用时间。

E. 和孩子一起制作媒体

儿童精力旺盛、活泼好动、求知欲强、可塑性强，如果一个儿童每天只是不断地听课、复习、完成作业，会感到学习生活枯燥单调，从而产生疲劳感和厌学情绪。此时媒介是一种有效的调节手段。儿童在学习之余的闲暇时间里看看电视、打打游戏、玩玩电脑，既能释放压力，得到放松，也能丰富业余生活，带来愉悦的心情。

如果有时间和精力，家长还可以带着孩子一起制作媒介产品，比如拍一段微视频放到网上，动手在电脑上设计一些简单的动漫形象，或者探讨一下如何写一段更吸引粉丝的微博等。这些制作媒介的过程，既能激发孩子的创意和思维，让孩子学习到更多的媒介知识，从被动接受媒介到主动创作媒介，加深对媒介的了解，又能在互动中增进亲子间的感情。

5. 家长热门问答

Q：我该让孩子加入网络在线社区吗?

A：一些网络在线社区大受孩子们欢迎，他们大约从六七岁开始入门，并持续使用。这些网站的功能主要是线上游戏，孩子们可以玩游戏、养宠物、布置房间，在其中探索和冒险，跟游戏中虚拟的朋友一起玩。他们可以扮演角色，探究动画地形，自行游览虚拟世界。这对这个年纪的孩子来说，具有非常大的吸引力及乐趣。然而这并不表示，你可以允许孩子在缺乏管理的虚拟社区四处游荡。

这些网站大都声称他们是适合孩子的在线绿色社区，有上网时间控制和相关的线上行为规则。但是孩子们，特别是年纪较大的玩家，会知道如何规避规则，而你的孩子可能会接触到脏话、欺凌及其他不当的虚拟行为。因为玩家是匿名的，有些人将自己化身为第二个我，在虚拟世界说一些话或做一些不当的行为，是他们在真实世界不会说也不会做的。而且，虚拟社区可能存在看不见的风险和消费陷阱，也可能导致孩子上瘾，或存在网络犯罪和网络伤害，所以家长应该慎重选择。

因此，对于是否让小学低年级的孩子加入虚拟社区，这个问题值得家长考虑再三。最好还是尽可能让他们先不那么急于加入，而是专注在真实世界的朋友及人际关系。如果你真的想让孩子加入虚拟社区，建议如下：

◆探究网站。你自己要先试试看，创造你自己的虚拟人物，看看这个网站的虚拟社区、商店及居民，究竟是长什么样子，然后决定是否应该让孩子花时间待在那里。

◆保持安全。使用“家长控制”的功能，随时掌握孩子在哪里、做什么、去哪里，正如你在现实生活里会做的。

◆示范解说。教导孩子如何在线上保证安全并举止文明。务必让他知道不要在线上随意分享填写个人资料及密码，也不要在虚拟世界说一些他在真实生活中不会当面对人说的话。

◆设定时间限制。使用闹钟或计时器，让孩子清楚知道关机时间到了。

Q：我该让孩子玩网络游戏吗？

A：这个年纪的许多孩子喜欢玩一些网络游戏，如《洛克王国》《赛尔号》等，一些网站提供许多不同的线上活动，从运动、拼图，到填字游戏、养宠物、换装、烹饪、小测验等。在你让孩子花时间玩网络游戏以前，自己先要看过评论、分级及推荐介绍，并且要先玩过，而且务必要限制时间。

对孩子游戏时间的限制十分重要，因为孩子玩得越多，越可能沉迷于游戏，而对电子游戏上瘾，不但会导致忧郁，也会造成社交及学业问题。因此，一定要设定明确的游戏时间限制，并严格执行。同时，避免孩子接触有暴力和色情内容的游戏。务必要让孩子在你可以看得到并监督得到的地方玩网络游戏。不要让他在睡前玩，因为游戏引发的兴奋刺激，可能导致睡眠问题。此外，不要让孩子过多参与在网络上跟朋友及陌生人竞赛或聊天的网络大型游戏，孩子需要专注于学习真实世界里面对面的社交技巧，而不是把大量时间花在这些游戏上。

Q：我要如何监管孩子的媒介使用状况?

A：6～8岁孩子的求知欲和好奇心都很旺盛，限制并监督孩子使用电子屏幕的时间，仍然是最基本的原则。这里有一些简单的方法，可用来监督管理孩子对媒介的使用：

◆为孩子设定严格的媒介使用时间限制，比如周末或假期，一天在任何屏幕前的总时数不得超过两小时。

◆对媒介内容的种类设定有明确的限制。避免色情内容、不须承担后果的暴力行为、不良示范，以及抽烟、喝酒、吸毒的画面。

◆多陪伴孩子一起在屏幕前，知道他在玩什么、看什么，在自己家和朋友家做什么。

◆鼓励孩子玩活动性的游戏，更好的选择是到户外去玩。

◆把适合孩子看的电视节目和视频录影下载下来，留到日后看。让孩子明白，电视节目不一定要即场收看，先完成要做的事情再看也可以。

◆以身作则。父母把自己使用媒介的时间降到最少，均衡阅读、运动、娱乐的时间，培养健康的生活方式，而不是专注于媒介的生活。

第四节 8～12岁的家庭媒介素养教育

1. 我有我特点

8～12岁的儿童正处于小学中高年级，开始慢慢进入青春期前期。他们逐渐开始发展抽象思维，开始对周围的世界感兴趣，与朋友的关系变得重要起来。他们的生活开始发生快速的变化，虽然他们还很依赖家人，但是想要更多的独立。同时他们的意志还比较薄弱，很容易受外界的干扰。

他们慢慢地会有一些重要的转变，他们开始自我角色的探索，青春期的叛逆、烦躁在他们身上初现端倪。这一时期的孩子充满着生机与活力，但由于接近青春期的边缘，他们情绪化，迫不及待地想长大。他们的身体在变化，认同感也在成形。如果家长不谅解和不懂得配合这些转变，对亲子关系会有很大的负面影响：沟通会快速地恶化，抗拒、隐瞒等行为亦会出现。一般人说的代沟、反叛性格会在这个时期产生。这个时期，孩子在为成为一个“准成年人”做准备，他们乐于模仿成年人的行为，不会只是遵从大人的指示而做事。

他们也开始上电脑课，开始光明正大地使用电脑，城市里大部分孩子配上了手机，这时期的孩子常把焦点锁定在明星、流行音乐、当红的话题及流行语言上。这时候，他们在社交网络上开始游刃有余了，不仅拥有QQ账号，还会开始申请微博或者微信账号，他们在上面发表自己的看法，展示和分享自己的兴趣爱好。他们也喜欢在网络社群里和认识的、不认识的朋友玩游戏。在青春期的起点，他们易受影响但也自觉地沉浸在一个由媒介发号施令与重新定义的文化里。

2. 青春期前期（8～12岁）的“电子轨迹”

这个阶段是儿童数字化技能飞速发展的一个时期。他们中大部分孩子开始拥有了自己的手机。孩子们在网上的娱乐、学习、交往和表达，都突飞猛进，让人刮目相看。到了小学高年级，他们在新媒介技能方面，开始超越他们的父母了。需要特别提醒父母的是，这个阶段的孩子，对网络交友的兴趣大增，拥有陌生网友的比例迅速上升，存在很大的交往风险。

我们的调查显示，这一阶段儿童喜欢课外书和电视等传统媒介的比率持续减少，而喜欢电脑、手机等媒介的人数则显著上升。周末使用电子媒介的时长也在大幅增加。而他们的媒介行为变得越来越多元，娱乐已不再是媒介使用的主要目的。他们使用媒介上网学习、交流，使用QQ、看电子书、上网查找信息的比率都在明显上升。

线上娱乐行为显得更加多样化，对游戏的偏好度很强，《我的世界》成为除《天天酷跑》外最受欢迎的手机游戏。这一阶段儿童对游戏选择的自主性也明显上升，自己选择、自己安装游戏的儿童超过半数。

这一阶段儿童线上交往行为十分活跃，使用社交媒体的比率大幅提升，QQ成为最受欢迎的交流工具。他们很愿意在网络上和大家分享自己的心情，发表自己的想法。他们在QQ空间、微博、美拍上的粉丝数量也逐速上升。

网络成为他们获取知识、解决问题的重要渠道，到了小学高年级，已有61.5%的儿童会用电脑上网浏览、查找信息，订阅微信公众号的比率也达到了29%。同时我们发现，自我意识的觉醒使得8～12岁的儿童在遭遇问题时，越来越倾向于询问同伴和网络，家长在他们心中的地位逐渐下降。

A. 玩转社交媒体

这个时期，孩子的媒介选择开始表现出自己的个性特征，他们乐于表现出强烈的独立自主意识，希望摆脱大人的约束。他们就将目光投向网络，在这个公开的平台，孩子可以结识更多的“虚拟朋友”。调查显示，到了小学高年级，拥有陌生网友的比率已达到了38.5%。网络上的明星成为许多孩子追捧的对象。这个年龄段的孩子逐渐有了追星的意识，如EXO、TFBOYS等就深受儿童们的喜爱。他们有意无意地去学习、模仿这些明星的行为方式。大众媒介为他们提供了现实世界的图景和各种人生理想的模型。另外，这些前卫的文化，许多父母是不知晓的，如果孩子与父母没有共同语言，就会促使孩子选择与网络追星群或者朋友圈中所谓“志同道合”的人交往。

B. 被虚拟世界的不同角色扮演吸引

小学中高年级的孩子，正处于生理、情绪及社交蜕变的挣扎中。由于身体迅速成长，荷尔蒙分泌旺盛，故他们心情起伏不定、情绪反应剧烈。这一时期，孩子在他们真实及虚拟的社交世界里，常常感到脆弱而焦虑。他们在模仿学习社会上的各种文化时尚，但他们还没有足够的判断力，在各种情况下保持安全、机智、负责，并保护自己，因而很可能在网络互动方面走极端。而另一方面，这时期的孩子喜爱在大型网络游戏中扮演不同角色，甚至热衷于尝试一些冒险行为甚至反社会行为来突显自己的“与众不同”，因而很容易陷入困窘或残忍、失控的状况，对自身和他人造成伤害。

C. 遇到问题先“百度一下”

随着孩子年龄增长，网络日益成为儿童解决学习和生活中难题的主要途径之一。随着网络在线学习的发展，现在拥有各种答案的网站、论坛不胜枚举，内容涵盖语文、数学、英语等各学科，只要找对关键词，基本上都能够找到想要的答案、范文或解题步骤，对繁重学习任务重压下的学生而言，诱惑确实很大。然而，过度依赖网络学习，不利于孩子自己独立思考及思想的发展。所以，当孩子要上网搜集资料完成作业时，家长可以陪同孩子一起上网，而不是让孩子照抄网上的答案。

在生活中遇到问题，选择向网络和同伴求助的人数都在增加，家长似乎在孩子心目中逐渐丧失了的权威地位，这也需要引起家长的重视。

3. 本阶段媒介危害早知道

小学中高年级的孩子，他们的行动力大大增强，探索劲头也更足，对媒介的需求也比幼儿期和小学低年级的学生要大，各种媒介对他们生活、学习、社交等方面的影响也更加明显，当然他们可能遭遇的风险和伤害的概率也大大提升。

A. 防不胜防的网络侵害

孩子在网络上与人交往是很正常的事情，但网络上也存在着一些安全隐患，网络欺凌、网络欺诈、色情网站等都使得一些孩子的身心遭受伤害。

如今，“网络欺凌”案件屡见不鲜，这些藏匿在黑暗中的欺凌者，成为孩子们心灵的第一杀手。据调查，英国有2/3的青少年曾遭受过“网络欺凌”，严重的甚至导致孩子自杀身亡。除了承受“网络欺凌”，由于孩子的心智未成熟，对网络没有顾虑，也容易成为“网络欺凌”的加害者。网络中的另一大杀手就是不良网友的欺诈。8~12岁的孩子心智不成熟，却对网络上熟识、现实中素未谋面的陌生人，也能产生信任，但网络是虚拟的，无论你与网友聊得多么热火朝天，对他是什么样的人仍旧不熟悉，许多不法分子就利用孩子的低防备来进行犯罪，诱骗未成年少女。另外，一些网友还会通过QQ等聊天工具跟孩子“借钱”，甚至套取孩子及家长的基本信息进行敲诈勒索。

B. 过度人机交流影响人际交往

现代智能手机和社交媒体的兴起，使人与人之间的交流突破时间和空间的限制。儿童也从小就会通过QQ、微信等即时通信软件，跟朋友联络，通过它们随时发表自己的想法，让友人了解我们的生活动态。在网络社交中，交往双方不再需要面对面地交流，而是借由各种网络工具，以一种“身体缺席”的方式进行互动。这改变了人们传统的交往习惯，使人与人之间的互动变得简单而频繁。

虽说通过社交媒体儿童拓宽了交际面，丰富了日常生活。然而，由于缺乏与人的现实交往，这也削弱了家庭中的互动关系，增大了儿童自我封闭的趋势，影响他们融入社会生活，淡化了儿童与父母、与学校老师之间面对面的情感交流，以及长辈人格力量的直接感染和模范行为的直接影响效果。

C. 越来越多孩子成为"低头族"

手机不单单是这些孩子的通信工具，更是玩具和朋友。但随着越来越多的孩子加入"低头族"，手机带来的问题也逐日显现。

手机影响孩子的身体健康。如果孩子习惯上床后看手机，可能会影响他的视力；将手机放在枕边，会影响大脑的发育；经常用手机听歌或"煲电话粥"，会使孩子的听力受损；而将其贴身放置，它的辐射还会影响孩子的器官发育……种种问题表明，过度使用手机在一定程度上威胁着孩子的健康，对手机的合理运用显得尤为重要。

手机的存在还可能严重干扰孩子的学业。虽说许多学校明令规定不能将手机带入校园，但为了联系方便，这个年龄段的孩子还是大部分拥有自己的手机。爱玩手机的孩子，容易控制不住自己，就连上课时间也会拿出手机上上网、玩玩游戏，听课效率自然下降，对老师讲的内容也就置若罔闻了。更有甚者将手机带入考场，将其沦为作弊工具。

4. 本阶段媒介教育重点

A. 保护孩子避免网络侵害

网络欺凌现在已经成为一个严重的问题。这个阶段的孩子由于年少冲动，可能以非常残酷无情的方式对待彼此，而即时通信与社交网络，让加害者更可以轻而易举地、无情地、公开地、匿名地针对同辈进行攻击，其后果可能是恐怖而悲惨的。遭受"网络欺凌"的孩子可能感到自卑、忧郁，在家庭和学校出现种种问题，他们可能害怕上学，甚至产生自杀的念头。

为了避免孩子成为"网络欺凌"的受害者或加害者，父母可以采取以下一些步骤：

（1）让孩子谨慎使用QQ、微博、微信等社交网络。关注孩子的网上行为，提醒孩子遇到网上问题要及时告诉家长。

（2）让孩子在即时消息程序的主菜单中，找到欺凌者，然后"阻止用户或删除朋友”。在电子邮件程序中，将有攻击性的电子邮件地址添加到黑名单中。

（3）如果对方的行为违反了网站的规定，可以向网站举报。同时还可以把欺凌内容截图保存下来，以便采取投诉或交由警方处理等措施。

（4）教导孩子为他人挺身而出。如果有朋友遭到“网络欺凌”，绝对不要参与到加害者的行列，而是保留证据，并告诉老师或其他可以信赖的大人。

（5）跟孩子谈论网络行为的安全原则。告诉他不应当分享任何涉及隐私的事，也不要做任何会让他感到不自在的事。提醒他，传送色情信息或图片、骚扰别人、在网络上说一些充满恶意的话语，都是不当甚至违法的行为。

B. 教给孩子在线学习技能

网络对8~12岁孩子来说，不应该是简单的娱乐、社交工具，孩子们更应该将目光放在它的学习优势上。虽说在线学习可以做到“一对一”的学习方式，但也有它的不足，由于没有强烈的学习氛围，在线学习对孩子的自主性要求非常高，孩子们在进行在线学习时，要注意以下的问题：

（1）制订学习方案。进行在线学习最怕的就是学生懈怠。所以，可以制订一个学习的小方案，比如今天上午写作1小时、晚上学数学70分钟，将自己的时间模块化，并制定奖励、惩罚小措施，督促孩子在规定的时间内认真学习。

（2）多提问交流。由于在线学习没有强烈的学习氛围，网络上的老师与同学都是相隔千里，不可能随时了解孩子的进度，所以孩子要学会问问题，多在论坛当中发言，主动让别人了解自己。

（3）在线学习也需要笔记。不要认为在线学习就是单纯地接受，一份好的课堂笔记可以帮你集中注意力并对学到的内容印象更加深刻，所以拿起手中的笔，边学边做笔记。学会记录疑问。

C. 教导孩子对网上信息保持独立思考和质疑精神

这个阶段的孩子会为了家庭作业而上网研究，但阅读网络海量多元的信息，从中寻找可靠的资料来源，却相当困难。麻烦的是，只要网站看起来有模有样，孩子就会相信他们查看和阅读的网络资讯。所以非常重要的是，必须教导你的孩子要有批判性的眼光，不要轻易相信他在网络上看到的每件事或遇到的每个人。

你不妨先询问老师有关学校的网络研究方针以及他们推荐的可靠网站。如果孩子在其他网站发现一些有趣的事物，务必让他知道，他应该再找其他资料来源，不断确认资讯的真实性。同时，也要强调网络安全。

最近有研究发现，对资讯不会批判性思考的孩子较容易受骗，也较容易相信他们在网络上遇到的陌生人。务必让孩子知道，不要随便回复他不认识的网络账号所传来的任何信息，即使那个人宣称是“朋友的朋友”。学习在网络上保持警觉，你的孩子就可以避开错误的资讯、谣言，以及隐匿在伪造身份背后的“网络黑手”。

D. 告诉他们网络交友原则

（1）任何情况下，不单独与陌生网友见面。

（2）如果确实需要见面，一定要事先告诉爸爸妈妈或其他长辈，并在他们的陪同下去见面。

（3）见面地点应选在人多的公共场所，遇到危险立刻大声求救。

（4）在网上聊天时，除非爸爸妈妈答应，否则不要告诉别人自己的真实姓名、电话、住址、年龄、就读学校等信息。

（5）爸爸妈妈的姓名、电话、工作单位、信用卡号等信息，也要严格保密，除非父母同意，否则不要透露给任何网友。

（6）要小心保护自己和家人的照片，不要轻易发布在网上或发送给网友。

（7）尽量使用复杂的密码，及时删除不需要的聊天记录和邮件，以免聊天账号或邮箱被破解、资料外泄。

（8）对网友说的话要再三思考分析，不能完全接受。

（9）尽量不与网友有金钱往来，也不随便向网友购买任何物品。

（10）遭遇网友威胁时，要请父母协助并请求相关单位处理。

E. 教导孩子网络安全规则与数字时代公民技能

在孩子平日的媒介行为中，父母务必要教导孩子对他们的行为负责，也就是我们所谓的“数字公民素质”，其中包括如何对待隐私、欺凌、版权、创意及批判性思考等。父母也要让孩子了解媒介安全与防护措施的基本原则，保证孩子能够享受媒介的正面好处，将风险降到最低。

父母在孩子开始更独立地浏览网站以前，先跟他谈论这些基本的安全原则和公民素质，这是非常重要的。

（1）保持个人隐私。在网络上的每件事都可能被某个线上观众看到。一旦把某件事放到网络上，它就永久存在，而且可能被迅速分享、复制或窜改。

（2）尊重他人隐私。在未经同意以前，绝对不要把朋友的私密信息或资讯分享出去。

（3）使用隐私权设定。确认所有装置上的隐私权设定均已更新。

（4）不要分享密码，而且要设置别人猜不到的密码。

（5）维护你的名誉。不要张贴你不希望父母、老师或朋友看到的任何事。

（6）尊重他人的作品。科技让复制与粘贴变得非常容易，但冒用他人的作品并据为己有，这是不道德甚至是违法的。

（7）不要作弊。虽然各种电子产品让作弊变得更容易，但作弊永远都是不道德的行为。

5. 家长热门问答

Q：我该给孩子配手机吗？

A：现在大部分的手机是智能手机，集娱乐、社交、阅读等功能于一身。对于小学中高年级的孩子，他们的身体和心理都处在特殊的发展时期，他们探索求知和好奇游戏的需求尤为强烈。手机对他们来说，不仅仅是父母所期望的简单的通信工具，还是朋友、玩伴或老师。

该不该给孩子配手机，不是给或不给那么简单的事。首先，作为父母给孩子配或不配手机的理由是什么，这个家长自己要先想清楚。如果给孩子配手机是便于联系，而不给孩子配手机是担心影响学习，那么是否不配手机就无法联系，而配了手机就一定会影响学习？显然不是。我们可以透过是否配手机的问题，与孩子互动、沟通并合作。配了手机，孩子在使用的过程中一定还会有其他的用途，这很正常，不要期待孩子很“听话”，手机只用于给家人打电话。但是，过多其他用途确实会影响学习，甚至会让孩子违反学校的纪律。那就需要父母和孩子一起商讨使用的具体要求，比如什么时候开关机、玩手机时间的长短、话费限制等等。不仅对孩子有要求，对父母也有要求，并且一起遵守。如果父母整天拿着手机在上网、玩游戏、聊电话，却要求孩子不能碰手机，也是不现实的。

下面是网上流传的一位美国妈妈的iPhone家规，我们选取这份家规的部分内容，跟各位爸爸妈妈们分享。

（1）首先要声明的一点是，这部iPhone手机是我的，现在我将这部手机借给你使用。

（2）我在任何时候都有权知道这部iPhone手机的密码。

（3）如果手机响了就接听，接听电话时要注意礼貌。

（4）在给你的同学打电话时一定要尊重别人家的生活方式。

（5）在有课的时候，每晚7点半要及时将手机交给妈妈或者爸爸，在周末的时候可以在晚上9点交。

（6）不准带手机去学校。

（7）如果手机掉马桶里了、掉地上了或者丢了，你必须对因此而产生的维修或者购买新手机费用负责。

（8）不允许使用科技伎俩来撒谎或者欺骗别人。不准用手机说一些伤害别人的话。

（9）在公共场合要么关机，要么调成静音。

（10）不准用手机浏览色情信息。

（11）不能发送或者接收带有你（或者他人）身体隐私部位的图片，更不能以此为乐。

（12）尽量下载一些新鲜的或者经典的音乐，不要和你的同龄人一样都听相同的歌曲。

（13）时不时地玩一些单词游戏或者脑筋急转弯等益智游戏，这对提高你的智力有帮助。

（14）要对现实生活充满兴趣，注意身边发生的事情，倾听小鸟的叫声，时常出去散步或者和陌生人谈话。

（15）如果你因为这部iPhone手机而将自己的学习或者生活搞得一团糟的话，我会将这部手机收回。我们会就手机使用问题坐下来好好谈谈，然后我们再重新开始。

Q：我刚刚检查孩子的浏览记录，发现他看过色情片，我该怎么做？

A：大多数12岁的孩子对性都相当好奇，而且现在他们可以有意无意地在网络上搜寻任何事物。即使你已经在网络浏览器设定了严格的家长控制机制，限制级网站还是偶尔会略过机制，而且这个年纪的孩子，通常会从其他孩子那儿取得色情网站的资讯。事实上，你无法保证孩子完全不接触任何网络色情影片；它已经遍布网络，也易于取得。所以，最好能跟你的孩子来一场就事论事的对话。坦白沟通，可以保护孩子不因接触色情影片，而扭曲他对性行为的认知与期待。以下是沟通诀窍：

（1）不要责备或质问孩子。保持坦率而不论断的态度，这样孩子就会有安全感，愿意跟你谈谈私密话题。

（2）询问孩子对他看过的色情网站有何看法。参与讨论，并鼓励他分享他的观点。针对他可能会感到疑惑的每个问题逐一讨论。

（3）说明色情影片是幻想的。真实生活、真正的人，以及真正的亲密关系，并不是那样的。那绝大部分是在做戏，是虚构的。

（4）讨论色情片是贬低女性。指出色情影片会剥夺她们的人性尊严。而真正的亲密关系是以爱和尊重为基础。与孩子分享你的价值观。

（5）保持对话。这场对话并非一次就结束。让孩子知道，你永远都愿意倾听、谈论，并回答有关性与亲密关系的任何问题。

（6）把电脑放在公共区域，并持续检查孩子的浏览记录。如果孩子知道“你知道他在看什么”，他就比较可能远离那些网站。

Q：我是否该关心孩子花多少时间玩QQ？

A：这个年龄的孩子开始会通过即时通信工具进行线上聊天。这些孩子把焦点放在同伴身上，而在电脑上通过QQ及其他即时通信工具，可以让他们跟朋友保持联络。玩QQ的孩子，在电脑屏幕上会有一串好友名单是开着的，显示出谁正在线上，可以聊天。信息一响就立即回复，在这种情况下，他不可能真正专注在其他事物上，也无法完全静下心来学习。而分心，正是必须关注即时通信的重大原因。当孩子在写功课时发QQ信息，他们的作业要花远比平常更久的时间才能完成。当孩子同时念书和玩即时通信，他们了解和记得的内容会比较少。

这样的情况确实令人担心。这里有一些简单但重要的诀窍，可以使这种情况得以改善，家长不妨参考一下：

（1）设定时间限制。

（2）设定即时通信规则。如在做完功课以前禁止玩QQ。确定孩子认识好友名单上的每个人，并跟他一起检查名单。清楚说明，绝对不准谈性，道人长短，或者散播其他孩子的谣言。

（3）把电脑摆在公共区域。如此一来，你就可以密切注意他在做什么、在电脑前花多长时间、他是在写功课还是在玩QQ，以及其他孩子在说什么。

（4）多陪孩子一起参加活动或外出游玩，培养孩子多方面的兴趣，让孩子在现实生活中多交一些朋友。孩子的课余生活丰富了，兴趣广泛了，朋友增多了，就没那么多时间和心思上网聊天了。

此外，值得注意的是，如果你的孩子特别喜欢网络聊天，你应该学会从中去反思和发现问题。很多孩子痴迷于网络聊天，主要是为了宣泄情绪，排解孤独感。父母平日应多与孩子沟通，多关注孩子的生活和内心世界。

Q：让我12岁的孩子使用微博恰当吗？

A：小学高年级的孩子，步入青春初期，开始感受到一股庞大的压力，似乎非加入社交网络不可。他们中有很多孩子，可能都已经在使用社交媒体，如QQ空间、微博、微信等。然而，社交媒体里边充斥着真真假假的信息。12岁的孩子对是非还不敏感，不能够清楚地筛选对自己有用的信息，而一些不正确的信息，可能会对孩子的身心健康造成威胁。当孩子专注在社交网络，而非面对面的沟通时，就无法掌握察言观色的纯熟技巧，而那却是人们在真实生活中必备的沟通能力。一般来说，孩子15岁以后再使用微博更适合。但现在很多小学阶段的孩子都拥有微博，完全避免是不可能的。那么家长如何指导他们使用微博呢？

（1）了解孩子的关注范围。家长可以先开通一个微博，了解微博，同时在征得孩子同意后关注孩子的微博，了解孩子关注的人群和感兴趣的事情，并可从中了解孩子的一些近况和心理现状。

（2）把好的微博内容推荐给孩子。家长也可以让他关注一些生活、学习、人生感悟方面的微博。

（3）鼓励孩子到别人的微博上进行点评和发表意见，与有共同语言的博友交流。同时，也要注意避免孩子在微博上跟人吵架、传播谣言等。

（4）监管孩子适度玩微博。孩子玩微博，以不影响学习和身心健康为前提。使用电脑每超过1小时或者40分钟就要活动一下，每天玩微博的时间不宜太长。

（5）应告诉孩子注意不要暴露太多个人信息，如姓名、照片、家庭住址、电话号码、行踪等，以防被网络骗子或歹徒利用。此外，一些孩子对隐私界限缺乏强烈意识，在缺乏思考与未经编辑处理的情况下，可能在无意中发表一些他们自己拿着酒瓶或摆出挑逗动作的不雅照片。这些图文可能会在网络永久保留，日后可能会带来难堪的风险。因而，在孩子开通微博之前，务必让他知道，绝对不要发表任何不良信息，包括他不会当面对人说的，或不希望让父母、老师或未来的老板看到的信息。

下　篇

掌握家庭媒介教养的新技能

第四章 如何预防孩子媒介成瘾

第一节　诊断小测评

手机、平板电脑、电视、游戏机等媒介在给予人们方便的同时，也使人们不知不觉地陷入其中不能自拔。孩子一旦媒介成瘾，要想摆脱是非常痛苦的事。所以，最好是及早发现孩子过度使用的苗头，预防成瘾。

一般来说，孩子过度使用媒介会出现一些反常的行为表现，做家长的应该及时地注意到以下这些警告信号。下面是一个小测试，列出10条儿童“媒介成瘾”的典型表现，家长对照孩子的表现，可以以此检查一下自己的孩子是否有这方面的倾向。

你的孩子是否有媒介成瘾?

		Yes	No
1	一天不上网就不安乐，常会瞒着家人偷偷自己上网		
2	外出活动，只要一有空闲总爱拿着平板电脑或手机玩		
3	若让孩子停止玩电子产品，孩子会变得焦躁不安，甚至发脾气		
4	总是跟父母吵着要买最新款的媒介产品或频繁下载游戏		

（续表）

		Yes	No
5	为了玩网游不停花钱买充值卡，找家人要钱，还找同学借钱		
6	玩各种媒介产品是想逃避现实，迷上网聊.不爱和家人交流		
7	平时难以集中精神看书或学习，时不时就要去查看一下QQ或手机		
8	自己也知道网瘾的坏处，但就是控制不住自己，也为此做过努力想减少上网时间，但都没有成功		
9	宁愿对着电脑、手机、平板宅在家里，也不愿意外出跟家人、朋友玩		
10	要花更多时间在网络世界，才感到满足舒服		

测评结果分析：

以上10个选项，如果你的孩子占了6项或以上，那说明他有媒介成瘾的倾向。父母要注意适当减少孩子接触各种媒介产品的时间和机会，教会孩子合理使用媒介产品，及时把孩子从电子产品的世界中拉回到现实生活中。

第二节　关于媒介成瘾的家长教养难题

家长难题1

孩子已经严重沉迷电子游戏怎么办?

问题解析

如今，电子游戏是许多孩子重要的休闲娱乐活动。然而，由于电子游戏特殊的“成瘾设计”，很容易让孩子沉迷其中。游戏沉迷，已经成为很多家长第一头疼的问题。

儿童沉迷电子游戏，背后暗含的原因值得细细深究。如有的孩子热爱打怪升级，只因升级可以获得成就感和满足感；有的孩子因性格内向，不善与人交际，企图通过游戏中的网络社交来弥补现实生活中的不足；有的孩子因为缺乏爱和关怀，只好寄情于虚拟的游戏世界中；有的孩子本身自控能力很差，一旦沾上网游就欲罢不能。

父母要了解孩子特别喜欢的游戏，并从中观察孩子的心理需求，或者跟孩子讨论打游戏的动机与原因，以及导致其沉迷游戏的可能潜在问题。这样，父母知道孩子需要什么，并在一定程度上帮助孩子实现这种需求，才能从根本上改善孩子沉迷电子游戏的状态。

教养攻略

1. 规定玩游戏的时间和次数

提醒： 没有规则不成方圆，在孩子一开始玩游戏的时候，父母就应该与孩子设立规则，共同商量每次可以玩多长时间，让孩子学会自我管理和控制。小学阶段的孩子每次玩半个小时左右要提醒孩子休息一下。除了约定玩的时间长短，还应该跟孩子说明应在什么时候玩，比如只能周末玩、完成作业以后玩、不影响正常作息的情况下玩等。

2. 关注孩子玩的游戏内容，帮孩子选择游戏

提醒： 孩子爱玩游戏，父母一定要了解孩子在玩什么游戏，这些游戏是否适合孩子。如果不适合，父母可以给孩子推荐一些适合的健康有益游戏，对年龄

小的孩子还可以选“单机版”游戏，对有一定“网龄”的孩子，可选些有一定难度技巧的游戏。

3. 陪孩子一起玩游戏

提醒： 孩子爱玩游戏，父母可以与孩子一起学习和了解电子游戏，家长可以和孩子一起玩，一起研究游戏策略，这样不仅可以增进家长与孩子的相互交流和了解，升温亲子感情，还可以从中教他挑战困难、与人合作等能力。而父母有节制地玩游戏，也能为孩子树立良好榜样。

家长难题2

家有“电视迷”怎么办？

问题解析

电视吸引着孩子，给孩子的童年生活带来了乐趣，通过电视孩子可以增长见识，学到许多东西。但凡事都有个度，过度地看电视，也会给孩子的健康、人际等方面带来不小的影响。

孩子沉迷看电视，电视节目本身的吸引力是一个重要因素。但如果孩子可自由活动和交往范围越来越窄，也会加剧孩子对电视的依赖。以前的孩子没电视看，但他们有很多地方玩，有很多伙伴一起玩。但现在的孩子，他们住在高楼林立的房屋里，为了安全，父母不让孩子外出。而父母工作忙碌，又没工夫陪孩子，所以电视就成了孩子唯一的消遣。一旦孩子养成了爱看电视的习惯，父母想改变则要花费一番功夫。

教养攻略

1. 电视收看时间由父母主导

提醒：家里人可以共同商量看电视的时间，规定孩子每天什么时间可以看电视，每天看多长时间，到时间就关电视。建议3～5岁孩子一次不超过30分钟，6～9岁孩子一次不超过60分钟。如果孩子还没完成作业而想看的节目又开始了，父母可以帮孩子把电视节目录下来，让孩子先完成要做的事情再看重播。

2. 帮助孩子选择优质的电视内容

提醒：如果孩子爱看动画片，父母可以根据孩子的年龄特点、理解能力等，选择一些健康、适宜的动画片给孩子。也可以根据孩子的兴趣引导孩子看一些教育类节目，如《动物世界》。它将把孩子带入另外一个崭新的世界，可以加深孩子对动物的特征、生活习性等方面的了解，扩大孩子的知识面，还能引起孩子学习科学知识的兴趣。

3. 用其他方式逐渐代替看电视

提醒：可以看动画碟片来代替电视，碟片的非连续性较利于保护孩子的眼睛。也可以听收音机的少儿频道，或用平板电脑、点读笔、点读机播放儿童有声读物，或是阅读相关书籍。在转移孩子对电视的关注后，父母多陪伴孩子走出家门进行户外亲子活动来代替电视，如父母陪孩子做游戏、听音乐、讲故事，或与其他小朋友玩耍。

第五章 如何教孩子辨别不良信息

第一节　诊断小测评

网络是一个复杂的世界，充斥着各种真假难辨的信息，涉世未深的孩子身处其中，如果没有正确的引导，容易沉溺其中，误入歧途。以下是一份儿童信息安全家长检测表，家长们可以对照测一测自己在日常生活中关注孩子信息安全方面是否正确和足够。

孩子的信息安全，你注意到了吗？

		经常如此	偶尔如此	从未如此
1	我会经常和孩子一起讨论媒体上的信息，分享对信息的看法			
2	我曾教育过孩子哪些信息是不良信息，哪些是正确信息			
3	我会使用电脑中的有关“家长控制”功能及过滤软件，过滤网站的有害内容			
4	我会教导孩子媒介世界也和真实世界一样，都需要对是非善恶加以分辨			
5	我会教导孩子，如果对网络上任何信息感到不舒服，就应该告诉我			

（续表）

		经常如此	偶尔如此	从未如此
6	我会鼓励孩子在遇到不确定的情况时，可以直接问我			
7	我知道孩子经常关注哪些方面的信息			
8	我能有效地限制孩子看某些信息			
9	我经常推荐一些可信度高的媒体给孩子			
10	我会教给孩子一些判断真假信息的方法			

分数计算：经常如此2分，偶尔如此1分，从未如此0分。

测评结果分析：

●总分少于8分，表示孩子的信息安全到达警戒线，请确实执行本测试表中的10点对策。

●总分8～16分，孩子信息安全情况尚可，但仍需要家长进一步的关心。

●总分超过16分，给家长拍拍手，您的信息安全意识非常高，是一位保护孩子信息安全的模范家长。

第二节 关于辨别不良信息的家长教养难题

家长难题3

发现孩子看黄色信息怎么办?

问题解析

现在的孩子发育快，心智也更早熟。孩子平常在电视、电脑、电影上早就看过许多亲热的镜头，他们还会从生活中观察到男女的差异，进而产生困惑，因而有时会到网上浏览相关的信息。很多家长发现孩子上色情网站或者看色情视频，往往会焦虑、愤怒，不是斥责一番，就是纠结于不知道和孩子怎么谈这样敏感的话题。其实，如果父母故意回避，或者态度尴尬忸怩，容易让孩子产生更多的疑问和好奇，反而会增强探索的兴趣。

因此，当家长发现孩子浏览黄色信息，一定要避免大惊小怪，更要控制负面情绪。当孩子已经开始看黄色信息，家长就不能再漠视孩子的性发育与性需求了，必须要给孩子进行性教育了。其实，青少年对性的好奇和需求很正常，父母无须因为紧张而责骂或约束孩子，最好的处理方式是把这当成性教育的时机，跟孩子来一场就事论事的对话。坦诚沟通，可以避免孩子不因接触色情信息，而扭曲他对性行为的认知与期待。

教养攻略

1. 防范于未“燃”

提醒：如果电脑经常弹出黄色信息，家长可以在电脑上装一个绿色上网过滤软件，可以避免孩子被动接受各种色情信息。另外，家长要学会如何查看浏览器中的浏览记录。学会怎样查看历史记录，是家长了解孩子情况的一个重要手段。

2. 让孩子通过正确途径了解性知识

提醒：当孩子开始对性好奇，父母就要让孩子通过正确的途径了解性知识，比如给孩子买一些关于性知识的图书，或推荐一些相关的视频给孩子，让孩子对自己好奇的事情有一个全面的了解。此外，父母应给孩子更多的关爱，多带孩子出去接触人群，鼓励孩子参加体育锻炼，学习他们感兴趣的技能，转移他们对性的注意力和渴求。

家长难题4

孩子从动画片里学脏话怎么办?

问题解析

动画片是每个人童年的伙伴。有的动画片能让孩子增长知识，学习做人的道理，可有的却可能阻碍孩子健康成长，如案例中所说的，孩子可能会从不良动画片里学会说脏话。

事实上，这时的孩子还没有明确的是非观念，他们对于脏话代表的含义也不甚了解，说了可能也意识不到。在看动画片时无意中接触到，他们自以为学到了新鲜词汇，用来表现罢了。孩子的模仿能力很强，辨别能力又差，学到这些脏话、暴力行为之后，会在生活中运用，若周围人产生激烈的回应，则会强化孩子对此的运用。因此，家长可不要忽视这一问题。

目前许多国产动画片并没有实行分年龄、分级别进行播放，适合不同年龄段观看的动画片混在一起播放，所以这就需要爸爸妈妈的“火眼金睛”来鉴定。家长最好陪同孩子一同观看动画片，及时引导，教孩子辨别是非，让孩子在得到快乐的同时又能健康地成长。

教养攻略

1. 挑选适合孩子看的动画片

提醒： 父母要对孩子所看动画片进行筛选，允许孩子观看主题健康、情节明快的片子，限制孩子观看血腥、暴力、色情等内容的动画片。父母有时间也要与孩子一起观看动画片，对动画片内容进行恰当的解释和引导。年龄越小的孩子，越不懂得什么是好坏，不知道怎么区分高雅文化和粗俗文化等，因此需要父母为其选择和引导。

2. 告诉孩子说脏话是不礼貌的

提醒： 当孩子说脏话时，父母郑重严肃地告诉他，这些话所有人都不喜欢听，希望他以后再也不要用类似的语言表达情绪。然后，用文明的语言把孩子所要表达的情绪和想法重说一遍，教导他用文明话语表达自己。如果孩子说粗话只是因为盲从，而没有明确的是非观念，父母不要急于指责孩子，而要耐心地向他解释这些词语坏在哪里。

家长难题5

父母如何正确引导孩子看新闻？

问题解析

今时今日，孩子的学习不再局限于学校教授的课本知识，媒介在这方面提供了非常丰富的资讯。电视里的新闻节目，最能反映社会生活、体现时代节奏，可以让我们知道世界上正在发生什么事。不仅成年人，孩子多看也大有裨益。

然而新闻就是一个社会的缩影，我们可以从中感受到美好，也会看到险恶。孩子们知道每天发生在他们周围世界的事并不是一件错事，但观看暴力场面（酷刑、恋童癖、自杀等）和负面新闻，如果家长不及时引导，可能给他们幼小的心灵造成创伤。

当孩子看到一些跟平时接受的教育内容相悖的新闻时，父母该如何引导呢？如何让孩子从看新闻中获益，而不被其中的负面信息误导？父母和孩子看新闻时，如何消化和分析，才能把资讯转化为正确的价值观？家长应在这方面多花时间和心思，耐心指导孩子，陪伴他们一起观看，向他们解释发生了什么事和其中的原因。这样不仅可以开拓孩子的视野，还可以在这个过程中给孩子灌输很多正确的人生道理。

教养攻略

1. 和孩子一起解读新闻

提醒：这个世界很复杂，新闻则在不同程度上反映着这种复杂。孩子看新闻时，父母应该主动耐心为孩子讲解疑惑，而不是放任孩子自己解读。和孩子一起看新闻的时候，父母要有耐心，同时要留心关注孩子观看新闻时说的话，为孩子解释新闻背后的“故事”。用孩子容易明白的话，把复杂的事情当作故事解释，孩子便会更容易接收。

2. 不刻意回避负面新闻

提醒：信息时代，我们每天会接触到很多的信息，有好的、积极的，也有不好的、消极的，这是社会的真实呈现。很多父母会担心孩子看了负面新闻对孩子不好。其实，把孩子置于一个不受污染的处境之中，孩子反而缺乏抵抗力，更容易受到冲击。如果家长和孩子一起观看负面新闻，并适当加以引导，反而能帮孩子正确看待社会，提升孩子的“抗疫”能力。

3. 把新闻当教材

提醒： 看新闻可以增长孩子的见识，父母可以从各种新闻事件中教会孩子正确认识社会。比如有些新闻会报道骗子如何拐骗或诈骗小孩，这时父母就可以向孩子强调不能随便相信陌生人，教导孩子如何提防，遇到伤害如何自保等。

家长难题6

孩子模仿暴力游戏打斗怎么办？

问题解析

随着各种电子游戏的发展，游戏画面越来越逼真，一些游戏为了增加噱头和提高关注度，纷纷设置了枪击、爆头、肢解尸体、刺穿眼眶等暴力血腥场面。面对这些逼真的暴力血腥场景，不少家长担心自己的孩子会受此影响出现暴力倾向。

其实家长的这种担心并非多余，孩子爱玩暴力游戏易引发心理问题，并可引发血案，近年来由于孩子沉迷暴力游戏引发的暴力悲剧不断上演。尤其是年龄较小的孩子，如果长期沉迷游戏中，可能分不清现实与游戏，将游戏中的东西向现实生活延伸，甚至模仿暴力游戏伤人。我国某地未成年人劳动教养管理所公开一组数据显示：该所里的未成年劳教人员中，有80%曾沉迷于网络游戏。

暴力游戏会改变一部分孩子对暴力行为的看法，一种是产生暴力倾向，另一种是长期接受“熏陶”后对血腥暴力的场面麻木不仁。但这种游戏刺激好玩，在一定程度上满足了孩子的心理需求，所以父母强行禁止往往效果不好，甚至适得其反，因而要进行有效的疏导。

教养攻略

1. 向孩子表明对暴力游戏的明确立场

提醒：游戏虽然可以提供给孩子娱乐，但是要区分对待各种类型的游戏，尤其是暴力游戏、色情游戏等，家长需要有明确的态度，让孩子知道什么是可以玩的，什么是不被允许的。另外，父母要把游戏装置放在家里的公共区域，孩子玩游戏时多陪伴在身边，这样就可以看到孩子在玩什么，并注意到他是否在玩暴力游戏。

2. 了解孩子的需求，寻找和孩子相关兴趣的游戏

提醒：孩子喜欢暴力游戏，多是希望从中获得满足感、成就感和释放压力。父母对于孩子玩的游戏要精挑细选。在让孩子玩游戏之前，自己最好先要看过评论以及推荐介绍，有兴趣的家长可以自己先玩过，了解一下游戏是否适合孩子，进而选择一些非暴力、令人兴奋而具挑战性的游戏。最好是寻找跟孩子兴趣相关的游戏。平日注意丰富孩子的课余生活，让孩子在游戏与学习生活中的其他方向达到平衡，比如多带孩子参加户外运动、阅读等。

家长难题7

如何教孩子学会辨别网上虚假信息?

问题解析

由于信息技术的迅速发展，孩子接触媒体的渠道大大增多。手机、微博、微信等，正越来越快地将他们拖入信息的汪洋大海之中。我们每天都要接触到大量的信息，纷纷杂杂、真真假假，有时难以辨别真伪。

目前互联网上存在不良内容泛滥的现象，这种现象对孩子的影响越来越大。对于阅历尚浅的孩子来说，尤为如此。孩子由于心理、生理、认知水平的限制，对是非美丑的辨别力较弱，自控力也不强，在面对如此繁杂的信息，如果无法辨清真伪，不良信息就会对他们的学习、生活、思想产生负面的影响。因此父母要从小教会孩子辨别信息的真伪和培养孩子对网络信息的判断能力，保持独立思考和质疑精神。

教养攻略

1. 延迟回答，不要急于给孩子答案

提醒： 要孩子学会判断，父母要先培养孩子独立思考、独立解决问题的能力。要让孩子多思，多想，能独立思考，才能判断是非。平日，当孩子提出一个问题时，家长不要急于回答孩子的提问，不要急于帮孩子解决问题，而要先鼓励孩子自己去寻找答案。

2. 用“三点定位法”辨识信息

提醒：“三点定位法”是至少从三个不同消息源去验证同一个信息，帮助孩子识别网络信息。同时，也要注意判断信息要素是否齐全、运用逻辑推理的方法进行判断、运用资料进行考证和进行深入调查等方法，判断信息中涉及的事物是否客观存在，构成信息的各个要素是否真实。

3. 鼓励孩子使用多元资料查证信息

提醒：现在网络上的东西良莠不齐，如果孩子从小盲目相信网络，会带来负面影响。当孩子遇到问题时，父母可以鼓励孩子使用字典、词典、百科全书等多元资料去查证，不要一味依赖网络。

家长难题8

孩子特别容易被广告诱惑怎么办?

问题解析

如今的电视节目间隙广告满天飞。广告商透过广告不断地诉求，让人们相信购物不仅是一种生活的必需，还可以是一种休闲和享受，而且只要拥有某项新产品，就仿佛高人一等，也会比他人更快乐。各种宣传媒介，无时无刻不在鼓动人们努力消费。即便是具备独立思考能力的成人，都抵挡不了广告的影响，对年幼的孩子来说，就更不容易抗拒广告的诱惑了。广告中大肆宣扬的消费观，儿童反复接收到这样的理念，极容易被诱惑，养成毫无节制和漫无目标的消费习惯，形成不正确的消费观。

儿童对电视广告的注意程度、信任程度随着年龄的增加会有很大程度的降低，电视广告对儿童的影响随着年龄的增加而减小。父母要让批判意识早点进入孩子的头脑中，尤其是在看电视广告的过程中，教会孩子用批判的眼光来看待广告，认清广告，并能控制欲望，学习管理自己的消费行为。

教养攻略

1. 了解一些广告知识，学会看广告

提醒：父母可以让孩子了解一些广告知识，比如广告是怎样做出来的、用意是什么等。如果孩子兴冲冲地买了广告中热卖的玩具，到手后却发现并没有那么神奇，那么这时，父母应把握机会和孩子讨论，鼓励孩子说出他对广告的看法和对产品的期望，然后再让他描述使用那个产品后的感受以及产品的真实质量。慢慢地，孩子就会有所怀疑，不会对广告的说辞照单全收。

2. 让孩子知道广告中常有陷阱

提醒：广告的宣传者会利用一些含有歧义的字眼促销自己的商品，与实际情况有差别。孩子如果只是受到宣传的吸引，就可能买到与自己意愿相悖的商品。广告往往会夸大商品的某一单一特性，而忽略了其他的不便和缺点，父母也要教会孩子来辨别。

3. 让孩子学会重视商品的口碑

提醒：父母可以让孩子在买东西之前，多向朋友、同学询问一下该类商品的口碑，听听他们的反馈意见。也有间接的反馈。这才是了解一个商品好坏最重要的途径。因为使用过的人是最有发言权的，对商品信息的反馈也更加客观真实。孩子在买东西时，多从人际渠道来了解产品信息，能有效地抵制广告对购物的误导。

家长难题9

孩子看偶像剧学会追求名牌怎么办？

问题解析

在当今潮流文化如此发达的社会，明星们丰富多彩的生活，对正在形成价值观的孩子们产生了强烈的吸引力，他们渴望向自己心仪的偶像靠拢。

处于学龄期的孩子，其身心都处于快速发展的阶段，由于孩子的认知功能尚不完善，其学习往往以模仿为主。此时，周围环境中各种人物都有可能为孩子扮演“榜样”角色。而孩子被各种各样的偶像节目包围，潜移默化被其影响。加之当今时代，奢侈品的广告触目皆是，消费文化逐渐成为社会文化的主流。孩子所闻所见的明星演唱会、明星广告、明星电影，以及社会上追求名牌、追求金钱的风气无处不在，时时给孩子们渗透着反面“教育”。

孩子小的时候一般不会特别追求名牌，并不是那么坚持，大都人云亦云。父母可以做积极的引导。孩子到了青春期以后，父母就要更多地去考虑孩子的感受，如果说名牌产品是对孩子有用的，可以帮助孩子达成某种正向目标，在经济条件允许的情况下可以考虑。

教养攻略

1. 教孩子理性解读偶像节目

提醒：当今偶像类节目泛滥，今天唱歌选秀，明天拍偶像剧，孩子看多了这样的节目自然会受到影响。明星光鲜的一面，很容易让孩子心生向往。父母要让孩子知道，一些明星的“外在美”是包装、策划出来的，明星表演时的着装打扮和他们私下日常生活的穿着打扮是有区别的。

2. 把孩子对偶像的崇拜转化为激励

提醒：“追星”实际上是一种榜样的认同和学习，孩子们往往把明星当作他们人生发展的楷模、参照系以及心灵寄托。父母不可能阻止孩子崇拜偶像，但可以帮助孩子发现他崇拜的偶像身上的闪光点并鼓励孩子向偶像学习，把孩子的“追星”转化为奋斗和成功的自我激励。父母还可以介绍自己小时候的偶像和榜样。多介绍各行各业的明星给孩子。三百六十行，行行出状元。

3. 让孩子学会靠自己努力获得想要的东西

提醒：在某种程度上而言，追名牌也是孩子对于美和品质的一种追求，孩子追求品牌也未必是一件坏事。但父母必须让孩子明白，世界上的好东西很多很多，并不是每个人都可以轻易拥有。如果他想要得到，就要通过自己的辛勤劳动和不懈努力去争取。

第六章

如何教孩子保护个人隐私

第一节 诊断小测评

对于孩子的个人隐私保护，父母是否已经足够重视？下面是一份相关的小测试，家长可测一测自己在日常生活中对孩子隐私安全的关注程度。

孩子的隐私安全保护，你做得怎样？

		Yes	No
1	我会经常在网络上分享孩子的生活照片		
2	我在QQ群、贴吧、亲子论坛上标注的都是真实身份信息		
3	我的QQ会加陌生的朋友		
4	我和孩子外出游玩时喜欢在微博、微信“直播”		
5	我的电子相册设置是“所有人可见”		
6	我会提醒孩子发网络日志（微博、微信朋友圈、QQ空间等）不要暴露个人信息（如姓名、学校、家庭住址、电话号码）		
7	我会教导孩子不要随便加陌生人为好友		
8	我会教导孩子个人网络账号要设置复杂难猜的密码		
9	我会提醒孩子在网络上跟人聊天时，不要分享涉及个人隐私安全的资料		
10	我会经常就新闻事件中由于个人隐私泄露造成的后果，和孩子进行讨论		

测评结果分析:

如以上选项中，1～5题有3个（含）以上的“Yes”，或6～10题有3个（含）以上的“No”，表示您对孩子的隐私安全做得不够。请这一部分家长务必引起重视，认真阅读接下来的育儿策略。

第二节 关于保护个人隐私的家长教养难题

家长难题10

父母在网上“晒”孩子又担心出问题怎么办？

问题解析

这是一个无“微”不至的年代，越来越多的人喜欢在网上“晒”幸福，还不时把孩子的照片和个人信息放在网上。“晒”萌照、“晒”行程、“晒”亲密已经成为不少父母的爱好。很多父母把微博的头像变更为孩子头像，把孩子成长经历尽“晒”网上。殊不知，父母无意中“晒”成长、分享幸福的举动，可能会给孩子带来安全的隐患。有新闻曾报道说，现在孩子的个人隐私面临的最大威胁并非来自相关机构，而是来自父母，尤其是那些热衷在社交网络展示自家孩子的父母。

其实，“晒”孩子并非不可以，毕竟和亲朋好友分享孩子的成长也是一件幸福的事情，但要“晒”得有技巧，“晒”得小心。“晒”孩子时要注意什么呢？以下有几点供家长参考。

教养攻略

1. 不要在网上“炫”富

提醒：现在很多父母疼儿心切，总是把最好的东西提供给孩子。几岁的孩子，今天穿件几百元的T恤，明天蹬双1000多元的跑鞋，对于父母来说，装扮孩子满足了自己的攀比欲，却给别人留下了炫富的痕迹，显露了孩子的家庭条件。而绑架孩子的人通常是冲着钱来的，经常被父母炫富的孩子，更有可能成为被绑架的目标。

2. 不透露孩子的重要个人信息

提醒：自家客厅、小区门口、幼儿园门前、游乐场所……这些都是父母拍照片的高发地。但是在微博、微信中晒出这些有明显地址标识的照片，容易导致

个人行踪泄露。此外，父母也要注意不要随意在网上透露孩子的姓名、学校、相貌、家人从事的工作等重要信息。

3. 注意隐私设置

提醒：不设防地分享有安全隐患，如果父母在分享的时候注意隐私设置，那风险会大大减低。比如在发微博时，如果不想让陌生人看到，可以设置成仅“分组可见”，只让信任的人看到，同时将“我的位置”设置为“不可见”。使用微信时，除了关掉“允许陌生人查看十张照片”，还要停用“附近的人”和“摇一摇”，以防暴露自己的当前位置。

家长难题11

父母想在网上加孩子为好友，孩子不同意怎么办？

问题解析

以前有些父母为了解孩子，会拆看孩子的信件、撬开孩子带锁的日记本……但在网络时代，一些家长转而借社交网站窥视孩子。QQ、微博、微信等社交媒体推出后，受到很多青少年的喜爱，他们在上面写心情、晒美食、发表对时事的看法、和朋友交流互动。不少父母也开通账号，并在社交媒体上关注孩子的一举一动，有时还会渗入他们的社交圈。但很多孩子对父母的这种做法比较敏感和排斥，就像父母看他们的日记本一样。

中国的父母喜欢全方位地关注子女成长，在科技越来越进步、家庭成员之间沟通越来越少的背景下，父母就越容易把了解孩子的途径寄托在QQ空间、微博、微信等社交网络上，以便及时发现孩子一些不好的倾向或者不符合自己理想的因素。虽然这种初衷可以理解，但如果操作不好往往会起到反效果。

孩子越长大越不愿意在父母面前暴露自己的心事。他们希望有自己的隐私，这不代表刻意隐瞒。家长关注孩子是无可厚非的，但要注意行为方式，以及把握好一个“度”，通过孩子认同和接受的方式了解孩子。

教养攻略

1. 加孩子之前，要先征求孩子意见

提醒：如果父母要关注孩子的社交网络，家长最好事先与孩子沟通，征得孩子的同意。如果孩子拒绝父母的请求，父母应该尊重孩子，不要责问他们为什么不让自己加，而是注重与孩子的线下交流，在生活中多关心孩子的情绪变化，平时和他们多沟通，通过孩子可接受的方式了解他们的思想动态。

2. 不做“卧底”，通过其他人了解孩子情况

提醒：做“卧底”偷窥孩子的隐私是有风险的，因为如果父母不顾孩子的意愿，在孩子拒绝之后以“陌生网友”身份与他在互联网上交流，一旦孩子发现，将会造成对家长更大的不信任。当父母不了解孩子的情况，而孩子又不愿意说时，父母可以通过跟老师沟通来了解，平时和孩子要好的朋友保持联系，一旦发现异常，也可跟孩子的朋友了解情况。

家长难题12

父母在孩子的网络日志里发现不当内容怎么办？

问题解析

越来越多的孩子开始拥有自己的微博、微信，用来记录简单的日记、浏览并转发信息，与同学保持“互动联系”。社交媒体给了现在的孩子从小记录自己的生活和感受，表达自己的见解和看法的广阔舞台。

然而孩子想要得到认同，想要与世界联结，需要公开的真实资料就会越多，包括他们喜欢的偶像、喜欢的颜色、最好的朋友，以及一大堆自己的照片。在这个过程中，孩子可能会过度分享，把一些不应该公开和分享的资料也放上网了，他们不但随意公开地分享自己或同学、朋友的手机号码，学校和家庭地址，甚至还随意把自己同学或朋友的不雅照片等放到网上，侵犯了别人的隐私。几乎每个人都可以轻易地浏览他们的照片，找到他们的位置。那么，该如何引导孩子写网络日志呢？父母可参考以下建议。

教养攻略

1. 提醒孩子网上没有“橡皮擦”，发布内容前要三思

提醒： 父母要告诫孩子在网络上发文章，不要因为关注的人少就写一些自己的隐私信息，一篇文章一旦发布出去，就无法收回来了，文章会被截图、存档、转载甚至散布到很多不知道的网站上，而搜索引擎的触角会找到互联网上的任何一个角落。因此，要提醒孩子发布内容前多想想，如果不希望某些人看到，

或者那些话是不会当面对人说的，就不要发布。况且以后如果后悔自己当时的冲动，发到网上后也就无法挽回了。

2. 不良内容别放到网络上

提醒：一些孩子对隐私界限缺乏安全意识，在缺乏思考与未经编辑处理的情况下，可能在无意中发表了一些他们自己的不雅照片。这些图文可能会在网络永久保留，日后可能会带来难堪的风险。因而，在孩子写网络日志之前，务必让他知道，绝对不要在网上公开发表不希望让父母、老师和同学、朋友看到的东西。

3. 涉及别人的信息，发布前要先征求别人的意见

提醒：在平日孩子的媒介行为中，父母要教导孩子学会尊重他人的隐私，在未经同意以前，不要把朋友的私密信息或资讯分享出去。在教导孩子判断自己

的内容是否侵犯了别人的隐私时，可让孩子先换位思考一下，如果自己是私密信息的当事人，是否喜欢别人如此对待自己。

4. 要保护好个人隐私

提醒： 父母应告诉孩子在网上不要随意暴露太多个人信息，如姓名、学校、家庭住址、电话号码、个人行踪等，以防被坏人利用。登录的密码，要设置为不会轻易被猜到的密码。

第七章 如何教孩子理性面对网络交友

第一节 诊断小测评

现在不少孩子从小就开始交网友，但也正因为网络的公开性、便利性和网友的复杂性，加之孩子思想还未成熟，行为举止易受他人影响，使得网络交友存在一定的危险系数。下面是一份关于孩子网络交友安全的小测试，家长可对照平日的实际情况，测一测自己对孩子网络交友安全性的了解程度。

教育孩子安全网络交友，你做得怎样?

		经常如此	偶尔如此	从未如此
1	我知道孩子QQ、微博、微信等社交媒体账号			
2	我了解孩子网络交友的近况，知道孩子在网上和哪些人保持密切关系			
3	我会告诉孩子，交网友其实就像现实生活中交朋友一样，需要长时间的相处，才能真正了解对方			
4	我会提醒孩子，任何情况下，不单独与陌生网友见面，如要见面，必须经过父母同意和有父母陪同			

（续表）

		经常如此	偶尔如此	从未如此
5	我会鼓励孩子在网络交友方面有疑问或遇到困难时，可以和我交流			
6	我提醒孩子，不与陌生或不熟悉网友有金钱往来，也不向陌生或不熟悉网友购买任何物品			
7	我会教导孩子，在网上聊天时不要告诉陌生网友自己的真实姓名、电话、住址、就读学校等信息			
8	我会告诉孩子，父母的姓名、电话、工作单位、信用卡号等信息也要对陌生或不熟悉的网友严格保密			
9	我会提醒孩子，对网友的许诺要再三思考分析，不能全然相信			
10	我会告诉孩子，遭遇网友威胁时，要请父母和老师协助并向网管投诉			

分数计算：经常如此2分，偶尔如此1分，从未如此0分。

测评结果分析：

●总分少于8分，表示家长对孩子网络交友安全的关注到达警戒线，请参考执行本测试表中的对策。

●总分8～16分，对孩子网络交友安全的关注尚可，但仍需要家长进一步了解和关心。

●总分超过16分，您对孩子网络交友安全非常关注，能正确、有效地指导孩子网络交友。

第二节　关于理性面对网络交友的家长教养难题

家长难题13

孩子爱和网友聊天，不爱和父母交流怎么办？

问题解析

上网聊天、结交网友，能带给孩子全新的交友体验，他们可以跨越年龄差距、地域界限，交到在现实生活中交不到的朋友，了解到更多、更新鲜的信息。虽然网络聊天交友新奇好玩，但网络聊天、交友也带有一定的风险性，一些孩子因迷恋QQ、微信聊天影响正常的学习，忽略了现实生活中与父母、老师、同学的交流，甚至还被不良网友欺骗。

QQ、微信等网络聊天的孩子“上瘾”主要有以下几类：（1）在现实中出现交往困难、感到孤独的孩子；（2）在家庭中缺少亲情与交流的孩子；（3）被家长严格管理、交友范围较小的孩子；（4）感觉自己在生活中很失败的孩子；（5）情感单纯、防范意识差又渴望友谊的孩子。

家长要分清自己的孩子是属于哪一类“网聊族”，如果孩子是正常的网络交友，网络交友只是孩子众多交往渠道的一种，父母则不要太紧张，只要转变想法，正确地看待孩子的网上交友问题，并教给他们防范措施即可。如果孩子希望在网上寻求精神寄托或为了排解孤独，因痴迷网聊少与家人沟通，父母就要反思自身教育，及时调整教育策略，加以指导。

教养攻略

1. 父母主动参与，做孩子交友的小参谋

提醒：如今网络交友已经成为孩子中比较普遍的一种交友方式，几乎每个孩子都有网友。完全禁止孩子交网友是一件逆潮流的做法，父母不如以开放的心态接纳这种现象。如果怕网络太复杂，父母可以想办法了解孩子的网上交友情况，看孩子交了怎样的网友，谈些什么话题。当孩子遇到疑问时，父母若及时为孩子出谋划策，也能在一定程度上避免网络交友的负面影响。

2．满足孩子的现实人际交往需求

提醒：无论是怎样的孩子，都有一定的人际交往需求。现在很多孩子是独生子女，如果在生活中朋友也不多，难免感到孤独。当孩子在现实中的交往需求

得不到满足时，他们就会将目光投向网络，在网络找朋友。因此，父母要给孩子创造交往机会，满足孩子在现实生活中的人际交往需求。

3．为孩子创造丰富多彩的网外生活

提醒： 很多孩子喜欢上网聊天，是为了宣泄情绪，排解孤独感。父母要成为可以和孩子对话的朋友，平日多陪伴孩子，与孩子交流，不要让孩子认为只有和网友有话好说。同时，要使孩子不沉迷于和网友聊天，父母必须为孩子找到别的爱好替代，如游泳、打球、登山、旅游等，为孩子创造丰富多彩的网外生活，多引导孩子和网友从网上走到网外，开展健康有益的活动。

家长难题14

孩子网恋了，家长怎么办？

问题解析

现在孩子从小接触电视、网络，节目中有不少男女情感、恋爱的情节和内容，易引起孩子模仿。到了青春期引发早恋、网恋。对异性的好奇阶段每个人都会出现，这很正常。关键是我们家长和老师该如何引导，让他们理智面对。

对孩子来说，网恋是一种朦胧美好的情感，父母对待它要慎之又慎。其实，父母换个角度看，这表明孩子真的长大了，情感有了新的需求。孩子需要被倾听、被理解。家长站在“朋友”的角度和孩子交谈，多了解一些孩子在网络上接触的人和事物。要顺着孩子的行为和思想，才能走进孩子的内心更好地跟孩子交流，因势利导。当然，父母也要考虑方式、方法，既得让孩子明白他这样做的危害性，又得让孩子心服口服。

教养攻略

1. 不要反应过度，以平常心对待

提醒：对于青春初期的孩子来说，网恋是他们早恋的一种表现形式。它代表了孩子生理和心理的正常变化，这不是什么严重的问题。父母没有必要视作洪水猛兽，如临大敌，应把它当作孩子成长的一个转折点，用理解、包容的心态去面对。

2. 多关注正面，把网恋引向健康方向

提醒：发现孩子有网恋的苗头，父母不要大惊失色，要像跟孩子聊一般朋友那样聊起，了解一下具体情况，并把孩子的这种朦胧的网络恋情转向正常、健康的交友上来。鼓励孩子跟各种类型的人交往，而不是只跟一两个朋友保持密切关系，让孩子多关注朋友的优点，学习其他孩子的长处。

3. 利用恰当时机讲解网恋的潜在危害

提醒：家长应在恰当的时机，让孩子明白“网恋”是一件有潜在危险的事情：网络是一个虚拟的空间，许多网民的姓名、单位、年龄等资料都是虚假编造的，所以不能轻易地相信网上的任何人，更不要把情感完全寄托在网上或者某个网友身上。否则很有可能落入坏人的圈套，让自己受到伤害。

家长难题15

孩子要去跟陌生网友见面怎么办?

问题解析

与陌生网友约会见面，无疑是一件令不少孩子兴奋的事，但涉世未深的孩子与一个“身份未明”的陌生人见面，也是令父母最为担心和反对的。儿童缺乏生活经验，容易盲目相信网友，一旦出现问题，又很难做到理性认识、正确看待。况且，许多不法分子善于以“网友见面”为诱饵，实施违法犯罪。涉世不深的孩子，往往容易成为受害对象。

然而，许多处于叛逆期的孩子宁可相信网友的劝告或诱惑，也不愿听从父母的建议。在这种情况下，直截了当地禁止孩子去见网友，未必有好的效果，反而可能促使孩子经常去外边上网，这更加不利于父母的管教。对此，父母首先要让孩子知道网络交友的双面性，协助让孩子理解网络交友的现象与安全性，让孩子知道网络交友的隐忧。同时，告诉孩子如果要和网友见面一定要先告知父母，以便采取进一步的措施。

教养攻略

1. 想办法了解网友的基本情况

提醒：孩子提出要见网友，父母要坦诚地表达自己的顾虑，让孩子理解父母的担忧，并尽可能想办法了解网友的基本情况，最好是能看看他们平时的聊天记录，判断网友的为人。如果发现是网络骗子，要让孩子知道网友正在欺骗他，必须提高警惕。

2. 如果孩子坚持要见网友，应由父母或朋友陪同

提醒：如果孩子坚持要去见网友，父母一定要说服孩子由父母陪同一起去，但形式不宜太明显，就如以上案例，妈妈以请他们吃饭为借口，争取陪同，就是一种很好的方式。如果孩子不愿意父母同去，也要让孩子带两三名朋友同

行，切记将约会地点、时间、对方的情况及联系方式等告诉家人，随时保持联系。

3. 坚决不让孩子单独见陌生网友

提醒：孩子对社会的复杂性认识并不深，也不像大人一样有足够的力量抵御外界的危险，不让孩子单独见陌生网友，这是父母必须坚持的原则。要让孩子知道，父母作为孩子的监护人，有责任保护他的人身安全。

第八章

如何教孩子应对网络侵害

第一节 诊断小测评

现代社会，人们的生活已经离不开各种媒介。然而，媒介平台和社交工具也渐渐被不法分子利用，他们运用一些媒介技术实施网络欺凌、色情传播、侮辱、诽谤、恐吓、网络诈骗等犯罪行为。同时今天的孩子既是网络信息的接受者，也是传播者，孩子也可能成为网络“施暴者”和“加害人”。

家长如何教孩子预防和应对网络侵害？下面是一份相关的小测试，家长可测一测自己在日常生活中陪同孩子应对媒介犯罪的能力水平。

教孩子应对网络侵害，你做得怎样？

		Yes	No
1	我会提醒孩子网络上潜在的威胁和危机，如诈骗、欺凌等，遇到事情要及时告诉父母		
2	我已在孩子常用的电脑里设置好“防火墙”等保护措施		
3	我会教导孩子当面临网络欺凌时，要进行举报，停止这些欺凌者的访问权		
4	我会教给孩子一些网络相关法律法规，当自己的正当权益被侵犯，要学会运用必要的法律手段来维护自己的合法权益		

（续表）

		Yes	No
5	我会提醒孩子不要轻易打开网络上的陌生链接		
6	我会教导孩子对于网络上的不确定信息，不要随便转发、传播，也不能传播黄色信息		
7	我会提醒孩子不能为了博取点击率而发布一些虚假信息		
8	我会提醒孩子，在网络上凡是涉及钱财的事情，都要十分谨慎，和父母商量		
9	我会教导孩子，在现实生活中不能做的事情，在网络上也不可以做		
10	我会和孩子讨论新闻里和发生在身边的媒介犯罪事件		

测评结果分析：

●Yes选项少于4个，表示家长尚未意识到网络侵害对孩子可能造成的威胁。

●Yes选项超过6个，家长帮助孩子应对网络侵害的行动力尚可，但仍需要家长进一步的努力。

●Yes选项超过8个，表明家长帮助孩子应对网络侵害的意识和行动力都非常高。

第二节 关于应对网络侵害的家长教养难题

家长难题16

孩子遭遇网络欺凌，家长应当怎样做？

问题解析

网上欺凌，是指人们利用互联网做出针对个人或群体的，恶意、重复、故意的伤害行为，以使他人受到伤害。而这一现象在青少年及儿童身上多有发生，且危害性较大人更甚。儿童时期，孩子的情感波动比较大，对外界的刺激容易产生过激的反应，而且他们阅历有限，内心没有成年人成熟，不懂得如何排解心理压力与处理问题，很可能选择错误甚至极端的方式去应对。

今天的社交媒体，让儿童不仅成为受害者，也是施害者的重要组成部分。由于年少冲动，可能以非常残酷无情的方式对待彼此，而即时通信与社交网络，让加害者更可以轻而易举地、无情地、公开地、匿名地，针对孩子进行攻击。

为了让孩子远离网络欺凌，有些家长或许觉得把电脑一关，或是禁止上网，就能解决问题，但这只是掩耳盗铃之举。如果不能让孩子学着面对，关电脑、禁上网，只不过是把问题拖延成定时炸弹，而没有给孩子锻炼应对欺凌的能力。家长和孩子需要保持畅通的沟通渠道，让孩子遇到问题时能放心大胆地到家长面前倾诉，大家商量着一起解决。

教养攻略

1. 告诉孩子不要报复

提醒： 有的孩子以为在网络上用“匿名”身份发言，就不会被追查到。事实上，“凡走过必留下痕迹”，追查IP位置仍可查出发言者的身份。父母要让孩子知道，如果言论激烈涉及人身攻击、辱骂，或是添油加醋传播子虚乌有的事情，造成他人名誉受损，是可能触犯法律的。即使别人如此攻击你，也不能以同样的手段去反击，而应通过正当途径去解决问题。

2. 第一时间跟欺凌者沟通，让其停止侵扰

提醒： 父母可告诉孩子，发现自己被这些行为困扰时，可以直接跟发图者沟通，让他不要再发这一类图片，先给他一个提醒。如果提醒不行，还可将欺凌的内容截图保存，在网站上举报欺凌者。

3. 留下证据，跟老师或欺凌者的家长沟通

提醒： 如果欺凌者是认识的同学或朋友，家长孩子可寻求学校辅导员或班主任的协助，联系欺凌者，告知他的行为所造成的困扰与可能触犯的法律，让其停止欺凌行为并道歉。如果还是不能解决问题，则请学校通知对方家长。

家长难题17

怎么教孩子预防网络诈骗?

问题解析

现在媒介发展日新月异，网络上各种各样的诈骗手段也层出不穷，而儿童作为网络的高接触人群，父母更需要教他们识别各种网络诈骗。

教养攻略

1. 凡涉及钱财的信息，要跟父母说

提醒： 家长要提醒孩子在面对中奖、借钱、打款等这样的信息时，一是要提高警惕性，二是要做到不轻信、不贪便宜。当发现莫名的上网交易信息时，做到不听、不信、不转账、不汇款，有疑问时，立即拨打110。为以防万一，当出现好友要求汇款时，建议先电话联系好友再进行操作，汇款等事宜要和父母商量。

2. 帮孩子安装杀毒软件和过滤软件

提醒： 父母要提醒孩子提高病毒防范意识，手机要安装手机管家，定期杀毒和更新病毒库，电脑也要下载并安装最新的操作系统和浏览器安全程序或补丁；安装网络防火墙，防止黑客入侵；养成定期更新杀毒软件的习惯，防止新型病毒入侵。

3. 教孩子了解常见网络诈骗类型及应对方法

（1）盗号诈骗

部分孩子QQ、微博、微信密码存在不安全因素，例如密码设置过于简单、长期不更换密码、未采取密码保护等措施。不法分子利用木马程序盗取账号密码后，冒充受害者的好友、家人，骗取信任后直接索要钱财。

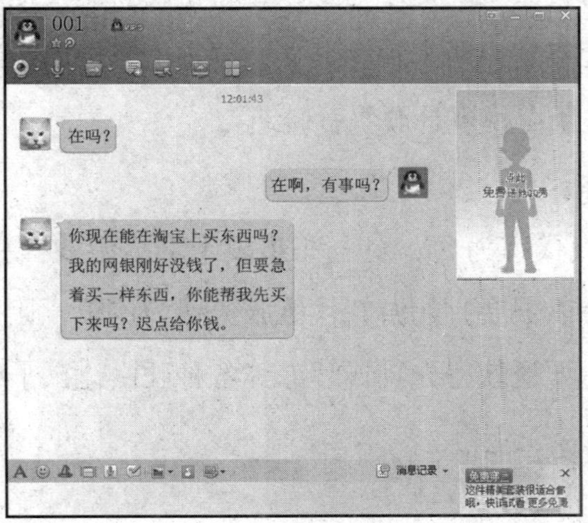

提醒： 在QQ、微博、微信上，不要随便加陌生人为好友，不要轻易点击对方发来的图片，更不要轻易打开来路不明的邮件（可能含有病毒或木马）。账号密码丢失后，及时短信通知周围好友，联系客服。

（2）中奖类信息诈骗

骗子利用各种渠道，冒充某活动官方通知用户获得大奖。常见来源有：聊天工具、博客、微博、论坛社区消息和电子邮件等。

防范方法：此类诈骗往往以优厚的奖品为诱饵，要求网友提前支付奖品的个人所得税，方可领取“大奖”。网友收到中奖信息后，可利用正规网站提供的电话号码进行确认；可搜索中奖提示信息，查看是否有网友提示曾上过当。正规网站不会以手续费、邮寄费、所得税等名义，要求网友提前缴纳中奖费用。即使是正规活动获奖，个人所得税也是颁奖后缴纳。

（3）游戏代练诈骗

有些骗子以游戏代练为名，对一些热衷于网络游戏而希望加快升级速度的孩子实施诈骗，开始以很便宜的游戏代练服务费为诱饵，让孩子付款，随后以系统崩溃需要验证、想要退款得先打钱解冻等各种理由让孩子继续打钱，开始是几百，后来就变成几千甚至上万。

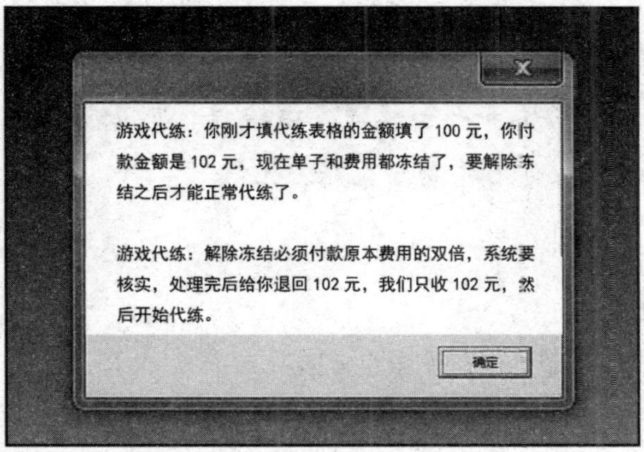

提醒：玩家在游戏中如果看到有人称能提供较低折扣的充值或代练，千万不要轻信。对于要求直接汇钱而没有第三方保障的代练网站更应慎之又慎。即使在正规网站找代练仍会有风险。比如玩家账号中一些价值不菲的装备很可能被代练的人看上并拿走。在代练过程中如果打出了好东西，代练者也不一定留给玩家。

（4）虚假客服信息

曾有媒体曝光，来自海南（区号0898）的诈骗者冒充腾讯客服，向用户发送虚假中奖、账号被盗消息。骗子故意拆分号码，伪造客服电话089-8880-8××××等，模仿正规官方客服电话进行诈骗。

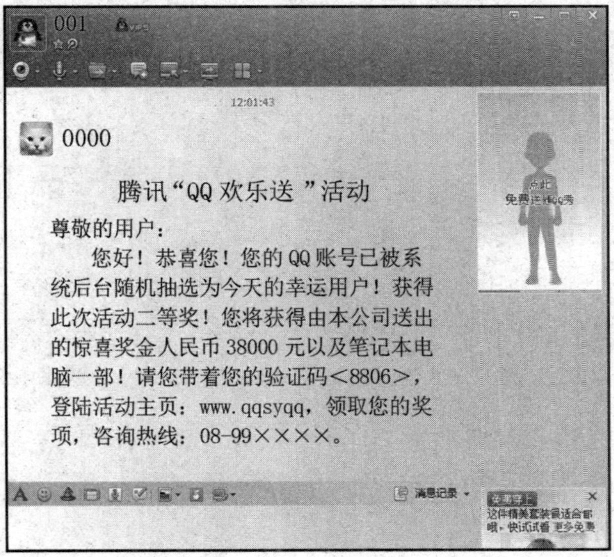

提醒： 如果用户打电话过去咨询，仔细甄别，可以发现骗子的普通话水平往往不高，与正规客服电话存在差距，他们还会让你汇款，而正规网站客服不会向中奖用户索取任何费用（如：手续费、运输费、邮寄费、税收等）。因此，请不要随意回拨陌生电话，更不要向陌生账户汇款。

家长难题18

孩子在网上发布虚假信息怎么办？

问题解析

有的孩子在网络上不注重言行，发表不实内容，或在信息未确定前就凭借自己的想象或推论做出假的结论，并将这些假的结论发表在网络上，结果可能引来一系列麻烦，甚至触犯法律。

孩子缺乏知识储备与社会经历，对社会的认识过于片面，遇事往往气愤大于理智，有时会不辨是非就妄发心情；有的孩子还会为了获得别人的关注和认可而夸大其词，也有的孩子并不能认识到这种做法的危害性，以为自己在网上随心所欲地发言并不是什么大事。再者，如今的网络环境是“无偏激不热闹”，孩子发表这些言论也是为了引起重视。

儿童传播虚假信息，制造谣言，会使不真实内容的扩散面加大，形成规模后，甚至会引起恐慌。父母一定要加强孩子的媒介素养和法律意识，对于不能验证真实性的信息，以及有损他人权利、危害社会安全的言论等，不予发布和转载。

教养攻略

1. 提高网络守法意识，让孩子知道在网上说话也要负责

提醒：父母要避免孩子成为网络谣言的发布者，提高孩子的网络守法意识，包括告知孩子不要夸大事实，信息要确认真实、准确再发送，净化孩子的网络用语，不说脏话，不偏激等。只有孩子具备一定的网络文明素养，才能在享受媒介带给他方便的同时，维护媒介环境的美好。

2. 告诉孩子发布虚假信息是违法的

提醒：父母要清楚地告诉孩子，网络虽然是一个虚拟的世界，但它同样受到法律的制约，每一个人都要对自己的言论负责，并承担相应的法律责任。让孩子知道在网上说话也要负责。

3. 让孩子了解一些相关的法律法规

我国对于网民使用网络发布过一些具体的法律法规，家长可事先整理出和孩子可能相关的条例，让孩子去了解。知道一些相关法律法规后，孩子在网络上的行为也会更规范，知道如何做不会过界，以及当自己的权益被侵犯时，如何维护自己的正当权益。

（1）公然侮辱与诽谤

时下青少年流行在微博、微信或者QQ上发表言论、宣泄情绪，有时甚至与其他网友打“笔仗”。如果言论激烈涉及人身攻击、辱骂，或是添油加醋传播子虚乌有的事情，造成他人名誉受损，可能触犯我国刑法第二百四十六条，以暴力或者其他方法公然侮辱他人或者捏造事实诽谤他人，情节严重的，处三年以下有期徒刑、拘役、管制或者剥夺政治权利。

《最高人民法院、最高人民检察院关于办理利用信息网络实施诽谤等刑事案件适用法律若干问题的解释》关于网络诽谤方面，规定对于故意造谣诽谤并情节严重者追究刑事责任。对于“情节严重”的认定具体包括：（一）同一诽谤信息实际被点击、浏览次数达到五千次以上，或者被转发次数达到五百次以上的；（二）造成被害人或者其近亲属精神失常、自残、自杀等严重后果的；（三）二年内曾因诽谤受过行政处罚，又诽谤他人的；（四）其他情节严重的情形。

（2）非法盗取他人数据材料、网上财物

网络游戏日渐流行，越来越多的人将网络游戏中的宝物作为交易的对象。由于这些宝物具备“价值”，引发的窃盗也层出不穷。一些孩子在他人的电脑中植入木马，截取其他人的账号密码，将他人网络游戏中的装备财产移转至自己的账户或销售给他人。安装病毒程序，窃取他人密码的行为在网络世界是不劳而获的秘密窃取行为，在现实社会中，这种行为也违反了有关规定，侵害了他人的合法权益，属于违法行为。《维护互联网安全的决定》第四条规定：为了保护个人、法人及其他组织的人身、财产等合法权利，对有下列行为之一，构成犯罪的，依照法律规定追究法律责任：非法截获、篡改、删除他人电子邮件或者其他数据资料，侵犯公民通信自由和通信秘密；利用互联网进行盗窃、诈骗、敲诈勒索。

（3）侵犯他人隐私

现在几乎每人一台手机，而且手机的功能越来越多元化，可以随时随地上网下载或传递资料，还具备照相功能，因此引发的侵犯隐私事件层出不穷。“手机偷拍”主要侵犯了当事人的肖像权和隐私权，属于民事侵权，一经发现，可向公安机关报案。受害人还可起诉传播偷拍照片的网站，要求对方撤下照片停止侵害、赔礼道歉、消除影响，并赔偿损失。如果手机偷拍照片带有色情成分，如在游泳池、浴室等特定场所偷拍，给被偷拍者生活造成干扰，情节严重的将构成犯罪。《治安管理处罚法》第四十二条第六项规定：偷窥、偷拍、窃听、散布他人隐私的，可处五日以下拘留或者五百元以下罚款；情节较重的，处五日以上十日以下拘留，可以并处五百元以下罚款。

（4）散播色情图片或援交信息

现在不少色情网站不但在网络散布有关淫秽色情的影片图文，有的还提供网络空间供人刊登足以引诱或促使他人性交易的信息等行为。根据《计算机信息网络国际联网安全保护管理办法》第五条规定，任何单位和个人不得利用国际联网制作、复制、查阅和传播，宣扬封建迷信、淫秽、色情、赌博、暴力、凶杀、恐怖，教唆犯罪的信息。我国刑法在第三百六十四条第一款、第四款中明确指出，传播淫秽的书刊、影片、音像、图片或者其他淫秽物品，情节严重的，处二年以下有期徒刑、拘役或者管制。向不满十八周岁的未成年人传播淫秽物品的，从重处罚。

（5）从网上下载未经授权的音乐、摄影作品或著作

网络传播行为必须以尊重他人的著作权为前提。《信息网络传播权保护条例》第二条规定：权利人享有的信息网络传播权受著作权法和本条例保护。除法律、行政法规另有规定的外，任何组织或者个人将他人的作品、表演、录音录像制品通过信息网络向公众提供，应当取得权利人许可，并支付报酬。

常见的信息网络侵权行为有：（1）非法MP3音乐免费下载；（2）未授权、假授权电影下载，如未经权利人授权，未付任何报酬，提供整部影片的商业性下载服务，包括收费下载和免费下载；（3）未经权利人许可的软件下载；（4）没

有授权的手机彩铃、铃声服务；（5）网络游戏；（6）手机电子书下载等。

现在不少自媒体都对原创内容进行了注明，如要转载他人的原创内容也要征得原创者同意。

后记 Postscript

我从事媒介素养教育的探索和实践始于2006年。那一年，经历了10年大众媒体的工作生涯，一个偶然的机会让我来到广州少年宫从事少儿媒体和校外教育工作。源于自己从小作为“小记者”的经历，以及如何将自己之前的工作所得应用于教育的想法，在借鉴港台和国外儿童媒介素养教育理念的基础上，我开始带领年轻的少儿杂志社编辑、记者以及少年宫老师，在广州少年宫率先开展了小记者媒介素养课程。经过10年努力，媒介素养教育从不为人知，招不到什么学员，到渐渐被家长、社会所认可，成为了少年宫内招生火爆的热门课程。之后，在相关领导、朋友们的鼓励支持下，我又带领团队申报了市、省和全国的相关媒介素养课题，在广州的13所小学里开始了校园媒介素养教育的融入性课程开发和探索。通过课题实践，让媒介素养教育从少年宫走进学校，通过研发一系列教材，让媒介素养从校外走进校园。2014年，我主编的媒介素养教材经广东省教材审定委员会批准成为广东省的地方课程试验教材。

2008年，女儿妮妮出生。这让我有了一个真真切切地感受“数字原住民”成长的体验。我开始将媒介素养教育的视线从少年宫、学校，更多地转向家庭。面对女儿“不学而能”的神奇技能，我开始萌发了全面了解这一代儿童如何与新媒介相伴相生，及其影响的想法。从2012年开始，我组建调研组在全国的主要城市开始“儿童和媒介”的研究，关注在家庭环境下，儿童、家长和新媒介之间不断演变的关系和教育策略。在调研的基础上，我开始疏理国内外有关家庭媒介素养教育的方法资料，同时在少年宫、学校开始媒介素养家庭教育的系列讲座、工作坊、亲子沙龙和相关课程。在不断的实践中，我们研究儿童数字化成长的关键期、敏感期，摸索家庭媒介素养教育的重点、难点。接着，借助新媒介手段，我又在“阿波媒介素养”微信公众号上，每天分享育儿方法技巧，在后台不断搜集当下家长在数字时代的育儿困惑，和同事、朋友们一起，寻找方法，答疑解惑。

因此，今天呈现给读者的这本《家庭媒介素养教育》就是我和我的团队在这10来年进行相关教育研究和实践的成果之一。

这本书的主要内容来自我近年来进行的三项工作：

一是本书有关儿童数字化成长和家庭媒介素养教育现状的依据，来自我带领的中国教育学会“儿童和媒介”课题组最新完成的《2014—2015年中国城市儿童网络安全和媒介素养状况报告》。2014年9月至2015年9月，来自中国青少年宫协会儿童媒介素养教育研究中心的20多位调研员，历时一年，在全国18个主要城市，对3万名儿童及其家长进行了问卷调查和访谈。我们分年龄段，约见孩子和他们的父母，通过各种形式与他们交谈。对当代儿童的媒介接触、使用和素养状况获得了大量一手的宝贵材料，形成了这份报告。

也就是说，我们进行家庭媒介素养教育的方法和策略，首先是基于我们对儿童当下数字化成长的真切观察，而不是其他。为此，我要感谢课题组和调研组的全体成员，他们是杨晓红、陈丽銮、赵晖、钱销微、古雯瑶、郑楚卉、徐玥等，以及来自全国18个青少年宫的调研员。本次课题和调研还得到了许多国内外权威专家的指导，要特别感谢：联合国文明联盟媒介与信息素养部主任Jordi、联合国教科文组织驻华代表处媒介与信息素养教育项目官Andrea Caiola、香港浸会大学新闻系主任李月莲、中国教育学会常务副会长刘堂江、广东省社会科学院青少年成长教育研究中心执行主任张人杰、暨南大学新闻与传播学院院长范以锦、广州大学何薇等。

二是本书关于家庭媒介素养教育的具体方法和策略，主要来自我近年来为家长们所做的“做数字时代榜样父母”和“培养数字时代儿童核心竞争力”两个系列讲座。近年来，我在教学研究的同时，在广东省内中小学和全国各地少年宫进行了百余场有关媒介素养教育的讲座，上万名家长参与了我们的系列讲座、工作坊和亲子沙龙。通过各种与家长交流活动，我们根据家长和老师们的反馈，不断丰富和完善自己有关家庭媒介素养教育的方法。根据当下家长们最关心的话题，目前孩子们表现最突出的问题，寻找简便易记、可操作的育儿技巧。

三是本书关于家庭常见媒介素养问题的图说。来自我们在《都市人成长》杂志以及“阿波媒介素养”微信公众号上的相关教育专题和连载。结合自己的育儿体验，我觉得家庭媒介素养教育要“还原家庭现场”“回到问题中心”，只有以问题为导向的方法和研究，才是更有效的。因此，近年来，我和“小伙伴”们分工合作，将在讲座、公众号后台搜集到的有关问题，分门别类，配合家庭场景，设置人物，用情景剧的形式，以漫画的方式呈现。本书中的部分图说内容已经在杂志和微信上，被十余万家长广泛阅读。为此，我还要感谢吴珊滢、凌可仁、司徒怡、郑丽娟等人的共同努力。杨晓红、何宁还对本书的主要内容进行了疏理。

最后，我还要对家长朋友们分享的是，家庭媒介素养教育是新时代的教育。因为这项教育是此前我们的父母没曾教过我们的教育。我们一方面从家庭环境中儿童的数字化成长看待媒介素养教育，另一方面还要从人类社会正整体向网络社会、数字时代迁移的大背景下看待媒介素养教育。在共喻时代，媒介素养教育不只是“对”儿童的教育，更是“和”儿童一起的教育。和现实世界一样，网络世界并不完美，与其担心，不如行动，与其抱怨，不如参与。我们今天的陪伴、引导，实施媒介素养教育，不只是为了儿童更好地成长，同时也在一点一滴地构建今天的网络空间和明天的网络社会。这也是在“互联网+”时代全面倡导和实施家庭媒介素养教育的更大意义所在。以此与各位家长共勉 。

张海波

2016年6月